Im Zeichen der Lilie

Das messianische und sophianische Zeitalter

Die Botschaft aus dem All

Die Gottesprophetie heute – nicht das Bibelwort

Band 5

Das Ewige Wort
– der Eine Gott, der Freie Geist –,
gesprochen durch Gabriele,
so wie durch alle Gottespropheten –
Abraham, Hiob, Mose, Elia, Jesaja,
Jesus von Nazareth,
der Christus Gottes

Die Botschaft aus dem All

Die Gottesprophetie heute - nicht das Bibelwort

Band 5

Die Botschaft aus dem All
Die Gottesprophetie heute
Nicht das Bibelwort

Band 5

1. Auflage September 2025

Max-Braun-Str. 2, 97828 Marktheidenfeld
Deutschland
Tel. +49 (0)9391/504-135, Fax -133
www.gabriele-verlag.com

Druck: KlarDruck GmbH, Marktheidenfeld

ISBN 978-3-96446-730-0

Inhalt

Die Botschaft aus dem All

Die Gottesprophetie heute – nicht das Bibelwort

Band 5

Einführung

Angesichts der Zustände in dieser Welt hört man immer wieder die Frage: „Wo ist denn Gott bei alledem? Warum hilft Er nicht, warum lässt Er uns allein?"

Liebe Leser, liebe Leserinnen, Gott, der Ewige All-Eine, der Vater-Mutter-Gott aller Seiner Kinder, ist Liebe – und Er lässt uns nicht allein, ganz im Gegenteil: Fünfzig Jahre lang wirkte die Lehrprophetin und Botschafterin Gottes, Gabriele-Sophia, der inkarnierte Seraph der göttlichen Weisheit, auf dieser Erde und brachte uns Menschen das Ewige Wort der Wahrheit aus dem Reich Gottes. Im Prophetischen Wort gibt Gabriele die allumfassende universelle Lichtsprache des ewigen Geistes in all ihren Facetten in unserer menschlichen Sprache wieder, in einer Tiefe, Klarheit, Prägnanz und Reichhaltigkeit, die in der Menschheitsgeschichte einmalig sind.

Auch wenn sich der fortschreitende Niedergang der materialistischen Welt mehr und mehr abzeichnet, so ist doch gerade diese Zeit nach Jesus von Nazareth zugleich die höchste kosmische Zeit:

In unzähligen Offenbarungen bringen Gott-Vater, Christus und der Cherub der göttlichen Weisheit uns Menschen die göttliche Kraft, Liebe und Weisheit nahe. Das göttliche Offenbarungswort durch Gabriele zeigt dem Einzelnen den Weg nicht nur zum Verstehen seines Erdenschicksals und zu dessen Bewältigung, sondern jeder hat auch die Möglichkeit, in ein Leben in Frieden mit sich selbst, mit seinen

Mitmenschen, mit den Tieren und mit der Natur zu gelangen. Jeder Mensch kann selbst in aller Freiheit zum Herzen Gottes finden, in seinem eigenen Inneren – ohne Dogmen, Priester, Kulte und dergleichen, so, wie es Jesus von Nazareth bereits vor 2000 Jahren mit den sinngemäßen Worten lehrte: *Ihr seid der Tempel des Heiligen Geistes, und das Reich Gottes ist inwendig in euch.*

In Seinem großen Offenbarungswerk „Das ist Mein Wort. Alpha und Omega" offenbarte Christus, der Sohn Gottes und Mitregent des Reiches Gottes, im Jahr 1989:

Der Seraph aus Gottes Weisheit ... wirkt für den Ewigen und für Mich als Prophetin und Botschafterin Gottes. Durch sie riefen und rufen der Ewige und Ich, Christus, in diese Welt und bringen allen willigen Menschen – so weit es im Worte möglich ist – die ganze Wahrheit. ...

Der Weg zum Herzen Gottes ist die selbstlose Liebe. Wie sie zu erlangen ist, lehren Ich und die göttliche Weisheit auf Erden durch Offenbarung.

Das Wort der Wahrheit strömt durch Mein Instrument in diese Welt. Mein Wort dient all denen zur Hilfe, zum Heil und zur Freude, die den Weg der selbstlosen Liebe wandeln. …

Unzählige Menschen auf der ganzen Erde lesen mittlerweile die befreiende Botschaft der Himmel in vielen Sprachen in Büchern und Broschüren, hören sie auf Audio-CDs oder erleben sie in unzähligen Radio- und Fernsehsendungen weltweit. Im vorliegenden Band lesen Sie eine Auswahl an göttlichen Offenbarungen, die in den Jahren 1979 bis 1983 zu verschiedenen Anlässen gegeben wurden.

Gabriele-Verlag Das Wort

Die Botschaft aus dem All

Die Gottesprophetie heute nicht das Bibelwort

Band 5

Die Kraft des Gebetes

Christus,
der Sohn Gottes und Mitregent des Reiches Gottes,
offenbarte am 26. Januar 1979 in Nürnberg:

Mein Reich ist nicht von dieser Welt – Mein Reich ist ein Reich des Geistes und ein Reich des Friedens und der Liebe. Aus dieser unendlichen Liebe kam der Sohn Gottes und kleidete sich in das Niedrigste, in das Fleisch dieser Welt ein. Als Jesus ging Er bescheiden und demütig über diese Erde und brachte den Menschen das Gebot der Liebe. Auf Golgatha opferte sich Jesus, und im Innersten entstand der Christus, der Erlöser der Menschheit. Er lebt in der Verbindung mit Gott, eurem ewigen Vater, von Ewigkeit zu Ewigkeit.

Eingeboren hat sich Christus in jede Seele, auf dass jede Seele in die Freiheit zu Gott gelangen kann. Dieser Christus der Seele offen-

bart sich im Wort der Menschen. Ich Bin der Geist von Ewigkeit zu Ewigkeit. Mein Werk ist die Zurückführung aller Kinder Gottes, auf dass sie frei in Meinem Vater, der auch euer Vater ist, leben. Da die Menschheit die Freiheit in sich nicht findet, spricht der Geist des Sohnes, euer Erlöser, durch Prophetenmund; das geschieht in der Muttersprache des Instrumentes.

Die Propheten des Alten Bundes hörten Gott. Jesus sprach, was Ihm Gott, der Vater, eingab. Heute sprechen wiederum Werkzeuge, was der Christus ihnen offenbart.

Euer Reich ist nicht von dieser Welt, denn Ich habe euch zu Söhnen und Töchtern der Himmel gemacht. Ich habe Mich in euer ewiges Leben eingeboren, in eure Seelen. Deshalb: Erwacht zur Freiheit in Gott und bewegt eure Herzen im Gebet! Denn das Gebet, Meine Kinder, so spreche Ich im Namen des Vaters, ist eine Himmelsmacht. Ihr bestimmt den Wirkungsgrad des Gebetes.

Was ist ein Gebet? Die Zwiesprache mit eurem Vater im Himmel.

Wo lebt euer Vater? Er ist überall und im Besonderen in euren Seelen.

Deshalb soll das Gebet ein Herzensgebet sein. Gott, der ewige Geist in dir, der in der Verbindung mit Christus in jeder Seele lebt, wird dir, Mein Kind, auf vielfältige Art und Weise Antwort geben, denn du bist Sein Kind. Vergegenwärtige dir diese Worte: Du bist Sein Kind!

Wenn du weißt, was diese Worte bedeuten, dann beginnst du zu lieben, nämlich deinen Vater über alles und deinen Nächsten wie dich selbst. Die ganze Schöpfung wirst du lieben, denn das große Ganze ist in dir. Er, der große All-Eine, hat es dir zum Geschenk gemacht.

Deshalb: Wenn du betest, dann dringe in deine Seele ein. Dort ist das lebendige Heil.

Wie und wo sollst du beten, Mein Kind? Solange Unruhe in deinem Herzen ist, gehe in die Stille. Suche dir einen stillen, geheiligten Platz; dort sammle deine Gedanken, richte sie auf Gott aus, und dann bete. Wenn deine Seele im Bewusstsein des Geistes vibriert, dann hast du die Verbindung mit deinem Vater.

O sehet: Das Gebet muss in die Seele eindringen, sonst bleibt es ein Lippengebet. Wohin geht euer Lippengebet, das ein Verstandesgebet ist? Es bleibt in den Gehirnströmen. Der Mensch wird einst der Erde gegeben. O Mensch, Mein Kind, wo ist dann dein Gebet? In der Erde, denn es hat die Seele nicht erreicht, deshalb ist sie taub und weltenschwer, weil du nicht in der Stille und mit dem Herzen gebetet hast.

O Mensch, Mein Kind, wenn du diese vibrierenden Gebetsgedanken fühlst und eins mit deinem Gott bist, dann wirst du auch in der lauten Welt eins mit Ihm sein. Dein Gebet wird nicht mehr ein Geplapper dieser

Welt sein, sondern ein paar Herzensgedanken öffnen dir den ganzen Himmel, weil du weißt, dass Gott nicht auf deine Worte achtet, sondern Er erfasst den Sinn deines Gebets, den hohen Schwingungsgrad deiner Seele. So du in der lauten Welt bist und zu deinem Vater aufblickst und in allem Leben Sein Wirken erkennst, bist du im tiefsten Inneren mit Ihm verbunden, wodurch du die Einheit „Vater und Kind" fühlst. Dann wirst du ein segnendes Menschenkind sein, das von Gott und den Wesen des Lichts behütet wird. Denn du lebst in Ihm, dem All-Einen, und Er in dir.

So kann sich der Christus in dir wiederum bemerkbar machen, das Licht der Welt.

Die Menschheit hat das Beten verlernt, deshalb ist die Welt so bestellt. Traurig sind die Kinder Gottes, voll der irdischen Machtgier. O könnte Ich in jedem einzelnen Herzen reden! O könnte ich zu jedem Einzelnen sagen: Höre, Liebe musst du aussenden, auf dass du Liebe empfängst! Ordnung sollst du in deinen Gedanken und in deinem Herzen tragen, auf dass du den großen Geist der Ordnung in dir wahrnimmst.

Lau ist der Mensch geworden, er strebt nach dem Diesseits – was kümmert ihn Gott? „Gott lässt Sich nicht vernehmen" – so spricht der laute Weltenmensch. Nein, o Mensch, Mein Kind, nicht in der lauten Seele und in deinem lauten Herzen wirst du den Geist der Stille vernehmen, sondern nur in einem stillen friedvollen Herzen, das eins mit Ihm ist. Wenn du deinen Menschen verloren hast, das heißt, wenn du nicht mehr auf Geld und Gut achtest, sondern nur noch zielstrebig dem Einen Geist in dir folgst, dann wirst du Ihn finden.

Ein Gotteskind steht festen Fußes auf der Materie – es weiß, dass Gott ihm alles geschenkt hat und dass es in einem Erdenkleid ist, um die Seele zu regenerieren und empor-

zutragen zu dem All-Einen, der die Allgegenwart in allem Sein ist.

O Mensch, Mein Kind, wann wirst du den innewohnenden Christus in Gott verstehen, auf Ihn bauen und deinen Menschen vergessen, auf dass du eins mit Mir, dem innewohnenden Geist wirst?

Viele fragen: „Wenn ich bete, welchen Weg nimmt das Gebet?" O Mensch, Mein Kind, achte darauf, dass du nicht nur für dich betest, denn sobald du nur an dich denkst, steigt die Eigenliebe hoch, und das Gebet hat wenig Kraft. Wenn du betest, dann bete bewusst. Sende zuerst Liebe aus und bitte die Liebe, dass sie dich beflügelt. Dann bete für ein Land, für eine Stadt, dort die Menschen in ihrer Drangsal leben. Bete für deine Geschwister, die in Unruhe, im Kriegszustand, in Not und Kümmernissen leben, dann bete für deine Bekannten, die du auf der Erde kennst – dann erst, o Mensch, Mein Kind, denke an dich.

Das „Vaterunser", das Ich als Jesus von Nazareth das Volk lehrte, ist nicht das Gebet der Eigenliebe, sondern es ist weltweit für alle Ebenen, es ist ein Einheitsgebet, das zum Vater steigt und wieder auf die Seele des Betenden zurückfällt.

Einige unter euch wissen, dass alles eine Aura hat; ob es die Aura einer Stadt, eines Erdteils, einer Gemeinde ist, ob es die Aura deines Bruders, deiner Schwester, die Aura eines Tieres, der Natur oder der Mineralien ist – es ist die inwendige Kraft, die nach außen strahlt und dein Gebet aufnimmt.

O siehe, o Mensch, Mein Kind, wenn du nun betest und deine Seele im Gottesbewusstsein vibriert, dann ziehen die Elemente Gottes durch die Seele dein Herzensgebet an. Der Äthergeist in den Elementen des ewigen Lebens ist, so, wie die Elemente selbst, unbelastbar. Wenn du für ein Land betest, dann wird dein Herzensgebet in deiner Seele formiert, und die Landesaura zieht das Gebet an. Du musst wissen, dass alles einen positiven und negativen Aspekt hat und dadurch alles Göttliche auf Anziehung beruht. In der Landesaura werden die Herzensgebete wiederum formiert. Menschenseelen, die in diesem Land leben und positiv ausgerichtet sind, werden durch die ständigen Impulse der Landesaura zum Guten angeregt. Dann dringen die Gedanken der Liebe in diese aufbereiteten Seelen ein, denn alles ist magnetisch. Die aufbereitete Seele zieht das Gebet an, wodurch sie in Schwingung gerät und dem Menschen die guten Impulse übermittelt. So kann die Seele das Gewissen des Menschen sein. In dem Land, für das ihr betet, kann dadurch vieles abgehalten werden, denn die guten Heilströme des Lebens bringen Segen und die Fülle des Geistes.

O ihr Kinder Gottes, so ihr für einen Bruder betet, richtet wiederum eure Herzensgedanken auf Gott aus und bittet für euren Bruder. Die Ströme der Liebe fließen in des

Bruders Aura, dort werden sie formiert; die Aura sendet Impulse zur Seele, bis die Seele den Schwingungsgrad hat, dann ziehen die Elemente die Gebetskraft in die Seele ein. Die göttlichen Elemente werden erneut in Schwingung versetzt, wodurch auch eurem Organismus die Kraft des Heils zuströmt.

Alles, Meine lieben Kinder, geschieht von innen nach außen.

Ist eine Seele weitestgehend verpolt, so ist auch das Seelenlicht dunkel. Trotzdem bleiben die Gebetsgedanken in dieser Aura. Lasse nicht nach, o Mensch, Mein Kind, mit dem Beten!

O sehet: Wenn eine solche Seele den physischen Körper verlässt, bleibt die Aura bei der Seele, so auch deine Gebetsgedanken. In den Astralbereichen können die Gebete Früchte zeitigen.

O Mensch, Mein Kind: Alles, was du in Liebe tust, wird dir vielfältig vergolten. Die einfachen Worte des Nazareners haben eine allumfassende Gültigkeit, nämlich: Was du aussäst, wirst du ernten, im positiven als auch im negativen Sinne. O sehet: Die Elemente des Geistes werden vom Ur-Geist ewig belebt, doch ihr könnt sie durch euer Gebet noch mehr beleben, wodurch Strömungen fließen, die geistig und von hoher Wirkung sind.

Als Jesus von Nazareth brachte Ich den Menschen der damaligen Zeit viele Gleichnisse. Als Christus spreche Ich für die heutige Zeit durch einen irdischen Menschen und bringe euch die Gleichnisse dieser Zeit.

O sehet: Wenn Sturm angesagt ist, dann bewegt sich das Windrad noch nicht. Wenn du nur sagst: „Ich möchte beten", dann werden sich die Elemente in deiner Seele nicht so bewegen, auf dass Ströme des Heils in deine Seele und zu deinem Menschen fließen. Wenn du lau betest, dann ist die Wirkung gering. Wenn du nur mit deinem Verstand betest, werden sich deine Elemente nicht schneller bewegen – denke an das Windrad.

Ein anderes Gleichnis zu eurem besseren Verständnis: Das Mühlrad wird vom Wasser getrieben. O Mensch, Mein Kind, baust du einen Staudamm, so bleibt das Mühlrad stehen. Dasselbe geschieht mit deiner Seele. Wenn du dich nur auf „Welt" ausrichtest, verpolst du die Seelenpartikel des Lebens, und die Elemente rotieren nur, um die Seele und deinen Menschen bestmöglich zu erhalten.

Reiße den Staudamm ab, und dringe in Liebe in deine Seele.

Beginne, dich mit deinem ewigen Vater im Gebet zu verbinden, auf dass der Christus dir dienen kann.

Die Liebe des Vaters senkte und senkt sich allezeit zu den Kindern, die auf dieser Erde schmachtend leben und den Weg in das Vaterhaus nicht finden, weil sie zu sich selbst nicht finden. Erkenne dich selbst, dann dringe ein in das Bewusstsein des ewigen „Ich Bin". Erst dann wirst du in deinem Herzen frei und beglückt sein.

Vieles könnte auf dieser Welt verhindert werden, wenn die Gotteskinder im Gebet zusammenstehen würden, wenn sie eines Geistes und einer Gesinnung, einer Gemeinschaft wären, denn ihr seid alle Brüder und Schwestern. In jedem von euch ist der Christus, der hier durch die inneren Bereiche eines Menschen zu euch spricht, auf dass ihr endlich das erkennt, was vor rund 2000 Jahren schon aktuell war und ewig sein wird: die Liebe.

Die Liebe ist das Fundament des Lebens. So du nicht zu dieser fundamentalen Kraft findest, wirst du niemals ins Vaterhaus gelangen; so lange bleibst du ein verlorenes Schaf, bis du die Liebe erkennst – sie ist die Kraft Meines ewigen Lebens.

Heute hat der Mensch seine Fahrzeuge. Eventuell morgen kann die Seele das Fahrzeug schon nicht mehr gebrauchen. O Mensch, Mein Kind, hast du in dir die Reise schon geplant, oder planst du nur für die Welt? Wenn du in dir die Reise noch nicht erkannt hast, dann wird deine Seele in den niederen Astralbereichen bleiben, bis sie die höchste Kraft des Kosmos erkannt hat, nämlich die Liebe.

O Mensch, Mein Kind, du besteigst dein Fahrzeug. Hast du schon an Gott gedacht, der dein Begleiter und dein Beschützer ist? Denn der Christ lebt in Gott. O siehe: Wenn du dein Fahrzeug besteigst, dann dringe in die Tiefe zu dem ewigen Geist, der tief in deiner Seele lebt, und sage: „O Vater, ich bin Dein Kind, beschütze mich in diesem irdischen Gefährt und auch alle anderen, die auf der Straße sind. Lasse uns alle in Deinem Geiste handeln."

O Mensch, Mein Kind: In demselben Augenblick magnetisierst du deine Aura und dein Fahrzeug; Lichtschwingungen hüllen dich ein, wodurch die niederen Kräfte ferngehalten werden. So du aber mit deinen Weltengedanken dein Fahrzeug besteigst, begibst du dich aus dem Schutz des Göttlichen. Denn es steht geschrieben: „Bittet und es wird euch gegeben, klopfet an, und es wird euch aufgetan."

Wenn du dein Mahl einnimmst, dann vergiss deinen Menschen, der in diesem Augenblick eventuell Hunger hat. Gehe zu deinem Vater und Erlöser, der in dir lebt, und bitte, dass Er die Gaben segnet. Wahrlich, Ich sage euch: Viele Giftstoffe könnten dadurch unschädlich gemacht werden. So der Mensch aus dem Herzen bittet, wird die geistige Substanz der Nahrung magnetisiert. Dann wird das Gute die Organe erreichen, und die Giftstoffe werden keine oder nur geringe Wirkung haben.

Was sagte der Geist des Vaters durch Jesus, den Christus – Euch ist alles gegeben durch Mich, denn der Christus Gottes in euch wird euch beleben, auf dass ihr noch größere Dinge tun könnt, als der Sohn Gottes im Fleische tat, denn die Kraft der Himmel wurde euch bei der Auferstehung übertragen, auf dass ihr Kinder des Kosmos werdet. So seid ihr alle Kinder des Kosmos, in denen die ganze Schöpfung pulsiert, somit jeder Strahl der Sonne und aller Planeten. Alles, was lebt und wogt, ist die Bewegung des Geistes, sie ist in euch.

O könntet ihr den Sinn der Worte erfassen, so würdet ihr strebsam und ewig im Bewusstsein Meines Vaters leben, auf dass euch der Christus Gottes in das ewige Reich führen kann, dort euer ewiges Domizil ist.

Deshalb, o Mensch, Mein Kind: Richte dich nicht nur auf die irdischen Gaben aus, sondern danke, dass sie dir Gott gegeben hat. Richte dich mehr auf Gott aus, auf die himmlischen Gaben – umso mehr Kraft und Leben wird dir gegeben, denn die Liebe teilt reichlichst aus.

Vielfach wird gefragt: „Wann ist der jüngste Tag?" O sehet: Ich habe euch die Wege des Gebets gelehrt. Wann ist der jüngste Tag? Viele glauben: Wenn die Posaunen am Him-

mel erschallen. – O nein, Mein Kind! Der jüngste Tag kann für dich schon im Fleische sein, so du eins mit deinem Vater bist, so deine Seele in dem Gottesbewusstsein vibriert. Weder Furcht noch Tod dürfen dich jemals schrecken.

Wenn du weißt, dass der irdische Tod das Tor zum Allvaterbewusstsein ist – wer soll dich schrecken? Wenn du die Welt vergessen hast und nur noch lebst, um deine Seele immer mehr zu dem Allvaterbewusstsein zu erheben, dann, o Mensch, Mein Kind, wirst du immer näher zur Quelle kommen. Im Erdenkleid kannst du schon vor der Quelle stehen, und der Ur-Geist wird zu dir sagen: „O trinke, Mein Kind, aus dem Ursprung Meines Lebens; die Liebe wird dich eintauchen, und dein Mensch und deine Seele werden den Segen aus dieser Urquelle empfangen." Dann fühlst du die Einheit. Ein Leuchten dringt aus deiner Seele, und das Glück ruft dir aus dem Urgrund zu: „Mein Kind, du hast heimgefunden!" Im selben Augenblick ist der jüngste Tag in deiner Seele emporgestiegen. Der Geist hat dich berührt, und du bist eins mit Ihm – Vater und Kind. Das kann schon im Erdenkleid sein.

Ich Bin euer Weg, die Wahrheit und euer Leben – durch Mich werdet ihr heimfinden.

O ihr Wanderer des Diesseits, wann werdet ihr Mir beide Hände reichen und sagen: „O Christus, Du mein Freund und Erlöser, Du mein Erretter, führe mich!" O würde das die Menschheit sagen, so wäre die Welt gesund!

Beginnt in Liebe zu beten, nähert euch in Liebe und Dankbarkeit eurem Vater. Betet das Gebet der Himmelsmacht, auf dass Ich euch führen kann.

Ich Bin der innewohnende Geist von Ewigkeit zu Ewigkeit. Ich Bin das Licht der Welt, damit auch ihr zum Licht werdet und dadurch zum Licht findet, denn das Licht zieht nur das Licht an.

Aus dem hohen Bewusstsein „Geist“ segnet euch euer Erlöser im Namen eures und Meines Vaters. Im Namen der ewig allgegenwärtigen Kraft:

Seid gesegnet, und achtet auf das Gebet, das für euch alle zum Segen ist.

Wer in das Reich Gottes eingehen möchte, der werde zur Liebe.

Christus,
der Sohn Gottes und Mitregent des Reiches Gottes,
offenbarte am 17. Mai 1980 in Würzburg:

Das Königreich Gottes ist inwendig in euch. Zu allen Zeiten sandte das Reich der Himmel Vertreter der Liebe. Auch in dieser Stunde hört ihr die Botschaft des Christus Gottes, eures Erlösers, durch eine Botschafterin der Himmel. Blicket nicht auf den Menschen. Der Mensch ist nichts anderes als eure Schwester, deren Seele zu diesem Zweck ausgegangen ist.

Meine heilige Botschaft ist die Botschaft des Friedens und der Einkehr. Mein Werk verkündet euch die Stille der Himmel. Wer sie erlangen möchte, der trete in das Heiligtum Gottes ein, auf dass ihr bewusst der Tempel des heiligen Geistes werdet.

Ihr Menschen sucht nach dem ewigen Leben. Ihr sucht nach einer Seele. Wisset ihr nicht, dass das feinstoffliche Gebilde nur mit feinstofflichen Augen wahrgenommen werden kann? Wenn ihr jedoch nur auf diese Welt und ihre Einrichtungen blickt, so werdet ihr dieses heilige Gut niemals ergründen. Es bleibt für euch so lange etwas Unergründliches, bis ihr die ewige Liebe, das Gebot des Lebens, verwirklicht.

Das Gebot der Liebe wurde zu allen Zeiten gelehrt, so auch in der Jetztzeit. Jedoch das Gebot der Liebe können die wenigsten Menschen erfassen und verwirklichen, weil sie die wahre Liebe, die Liebe zu Gott, ihrem ewigen Vater, nicht verstehen und ergründen können. Deshalb seid ihr an diese Außenwelt gebunden und lebt im Scheinglanz dieser Welt.

O höret, was der Geist Gottes zu euch spricht: Eure Seele besitzt das ewige Leben. So, wie diese Erde durch Atome aufgebaut ist, so ist auch das feinstoffliche Gebilde in geistig-göttlichen Atomen aufgebaut. Der Mensch kann dieses Seelengebilde so lange nicht ergründen und verspüren, solange er nicht zu dem Wesenskern der Liebe vordringt, zu dem pulsierenden göttlich-geistigen Atom.

Im Reiche Meines Vaters gibt es eine Vielzahl geistiger Atome. Sie alle haben ihre bestimmte Funktion. Um diese geistigen Atome der Seele anzusprechen, bedarf es des Lebens in Gott. Nur wer die göttlichen Gesetze ergründet und verwirklicht, der findet zu dem Liebe-Atom, das die Seele in Bewegung bringt.

So fragt der Mensch: „Habe ich eine Seele? Ich fühle nur meinen Menschen." Mensch, du fühlst nur deinen Menschen, weil du dich nicht auf Gott ausrichtest, indem du die gebotene Liebe lebst! Jeder Mensch kann jedoch das innere Gebilde, die geistige Ätherform, fühlen und im tiefsten Inneren empfinden, sofern er sich Gott, dem ewigen Leben, zuwendet.

Schon des Öfteren sprach Ich von der Himmelsmechanik Meines Vaters. Diese Himmelsmechanik ist auch in euch. In diesem System des Lebens wurden eure Seelen geschaffen und funktionstüchtig erhalten durch den Geist des Lebens.

Ihr wisst in der Zwischenzeit, dass sich im menschlichen Körper die sieben Geistzentren befinden, die den irdischen Leib aufrechterhalten. Bei einem im Sog dieser Welt lebenden Menschen fließt die heilige Kraft nur gering. Seine Seele ist sehr klein und schläft im menschlichen Sein. Ein solcher Mensch, der nur nach außen orientiert ist, kann die pulsierende Gottesliebe weder empfinden noch fühlen, weil sie nicht stark genug entwickelt ist, da sich der Mensch dem Gebot aller Gebote nicht hingibt und es verwirklicht.

Wer sich jedoch im Herzensgebet übt und diese Scheinwelt nicht als Realität betrachtet, wer sich in den ewigen Tempel begibt, in das Seelenhaus, von dort die Geistkraft kommt und in den Menschen einfließt, der kann im Laufe der Zeit diesen Ätherleib, die Seele, fühlen. Fühlbar wird dieses heilig pulsierende Gut über das pulsierende Zentrum der Liebe, das zwischen euren physischen Augen verankert ist. Erst wenn sich dort eine zarte Rotation, ein heiliges Wehen bemerkbar macht, wisst ihr: Die Seele ist im Erwachen. Aus der Urquelle empfängt sie verstärkte Ätherkräfte. Das Liebe-Zentrum zieht sie an und schickt sie in die weiteren Zentren, die im menschlichen Körper verankert sind. Daraufhin, Meine lieben Kinder, entwickelt und entfaltet sich dies herrlich kosmische Gut und nimmt – sofern der Mensch beständig in Gott lebt und das Gebot der Liebe verwirklicht – die Materie, den Menschen, unter Kontrolle.

O sehet: Die Welt fragt nach Beweisen, die Welt sucht nach einer Seele. Wahrlich, Ich sage euch: Die Seele kann nur empfunden werden, wenn sich der Mensch der göttlich-pulsierenden Liebe hingibt, die in sich alles birgt.

Meine Kinder, dieser herrlich geschaffene Ätherkörper, der ewig existent ist, ist in eurem menschlichen Leib und sollte vom Menschen erweckt werden, indem sich der Mensch Gott, dem ewigen Leben, dem Frieden und der Harmonie der Himmel hingibt.

Solange ihr euch auf dieser Erde vor den äußeren Einflüssen fürchtet, seid ihr nicht eins mit Gott, eurem Vater.

Solange euch die äußeren Einrichtungen mehr wert sind als die Liebe Gottes, seid ihr nicht eins mit eurem Vater.

Solange ihr negativ empfindet, denkt, redet und handelt, seid ihr entfernt von dieser ewig pulsierenden Kraft, der Liebe Gottes.

Solange ihr auf Menschen blickt und deren Theorien annehmt, seid ihr nicht auf dem Pfad zum ewigen Leben.

Deshalb, Meine lieben Kinder, spricht der Geist des Sohnes Gottes durch ein irdisches Instrument, auf dass ihr den inneren Weg beschreitet, den Weg über die Selbsterkenntnis zur pulsierenden Gottesliebe.

Würden sich eure Wissenschaftler nach innen orientieren, indem sie das Gebot der Liebe verwirklichen, so hättet ihr nicht d i e s e Technisierung, auf die ihr so stolz seid. Denn dem Geistwesen ist alles gegeben, die Bewegungsfreiheit in der ganzen Schöpfung. Über die gereinigte Seele könntet ihr sämtliche Welten schauen und sie betreten, sofern ihr dieses kosmische Gut durch die gebotene Liebe mehr und mehr erschließt.

Glaubt nicht, o ihr Menschen, dass euch das Gebot der Liebe erspart bleibt, dass ihr den Weg zum Heil nicht gehen müsst! Jeder Einzelne von euch, einerlei, zu welcher Zeit, muss diesen schmalen Grat zur pulsierenden Liebe gehen. Wohl jenen Menschen und Seelen, die diesen Grat j e t z t beschreiten, denn ihnen bleibt viel Unangenehmes, viel Herzeleid, Schwierigkeiten und kosmische Einstrahlungen erspart! Deshalb offenbare Ich Mich, auf dass ihr zu Dem findet, der euch geschaffen hat und am Leben erhält.

Würden eure Priester das Reich des Inneren verkünden, so wären sie wahre Diener des Volkes, so gäbe es keine prunkvollen Steinhäuser, die ihr Kirchen nennt. Es gäbe ein *Volk,* eine *Gemeinschaft,* eine *Liebe, und es gäbe nur einen guten Hirten: Es ist der Christus Gottes in euch.*

Ich frage Mein Volk: Weshalb braucht es geschmückte, im Glanz erstarrte Kirchen? Weshalb braucht ihr Orgeln, Zeremonien und Riten? Weshalb braucht ihr Türme mit Glocken, die euch zur Messe rufen? Weshalb braucht ihr diese ganze Technisierung, eure Fahrzeuge, Hubschrauber, Flugzeuge, Satelliten? Weshalb wollt ihr andere Planeten erforschen und baut kostspielige Instrumente und Bewegungsmittel? Weshalb müsst ihr Fleischnahrung zu euch nehmen? Weshalb tötet ihr im Natur- und Tierreich?

Jeder von euch möge sich im Stillen über diese gestellten Fragen Gedanken machen.

Ihr Menschen seid auf eure Technik stolz, doch Ich sage euch: Sie ist das Primitivste im ganzen Kosmos.

Und nun gehe Ich zu eurer kosmischen Seele zurück. Dieses herrliche Gut ist, sofern es nicht belastet ist, unbegrenzt. Ihr Menschen habt schon des Öfteren gehört, dass die Seele gerade in der Nacht, wenn der Mensch schläft, in andere Welten geht. Weshalb kann die Seele dieses in der Nacht tun und nicht am Tage? Weshalb geht sie innerhalb von Augenblicken in andere Welten und schaut sich dort um? Weil die Sinne des Menschen ruhig und friedvoll sind; weil der Mensch schläft, weil sich das Gemüt des Menschen beruhigt. Deshalb kommt aus dem ewigen Strom des Lebens die Odkraft hernieder und berührt Menschen, Seelen, die Natur, das Tierreich, die Mineralien und alles, was lebt. Die kosmische Seele hüllt sich in einen geistigen Strahl und empfindet nicht mehr die Zeit und den Raum. Sie schreitet in das raumlose

Leben, obwohl sie mit einem Silberband mit dem Lebensodem mit ihrem Menschen verbunden ist.

O sehet: In der Nacht ist dieses möglich – weshalb nicht am Tage? Sobald die Menschheit erwacht, produziert sie negative Empfindungen und Gedanken. Ihre Worte und Werke ziehen über diesen Erdplaneten. Das kosmische Gut, die Seele, wird durch die geschwängerten negativen Ströme im physischen Körper gehalten.

O sehet: Was in der Nacht möglich ist, wäre auch am Tage möglich. Muss der Mensch die Technisierung haben, wenn alles in der Seele ist? Er muss sie haben, weil er seine Seele an die Materie bindet, weil er seine Gedanken nur auf diese Welt ausrichtet, weil er glaubt, dass der Gottesgeist nur in Kirchen, in Tabernakeln ist. Würde sich die Menschheit wandeln und die gebotene Liebe leben, so gäbe es nicht d i e s e Technisierung. In einem Augenblick könnte deine Seele in anderen Welten auf anderen Gestirnen sein – sofern sie rein ist und den vollkommenen Äther aufnehmen kann.

O ihr Menschen, die ihr Kinder Gottes seid, wo steht ihr? Bewegt ihr euch in den Fußspuren Meines Lebens als Jesus von Nazareth oder nur im Zeitlichen, begrenzt durch eure gesetzwidrigen Gedanken und Handlungen? Weshalb braucht ihr die Glocken eurer Kirchen? Lasst es in eurer Seele klingen, indem ihr betet und euch Gott, eurem Vater, hingebt!

Solange ihr aber nur euer Äußeres bejaht und eure Technisierung fördert, werdet ihr niemals die pulsierende Gottesliebe wahrnehmen, die sich durch den Christusgeist, der Ich Bin, entfalten möchte. Denn Ich Bin euer Weg, Ich Bin die Wahrheit und das Leben. Die Wahrheit – dass Ich es Bin – ist in euch begründet. Die Zeichen sind in euch. Deshalb tretet in den heiligen Tempel Gottes ein. Hört nicht auf die Glocken eurer Kirchen. Betet, auf dass ihr die pulsierende Liebe emp-

findet, die für euch wegweisend und führend ist. Denn Ich Bin in Gott, Meinem Vater, die Liebe und Barmherzigkeit.

Solange sich der Mensch nicht von dieser Welt und ihren Einrichtungen abwendet und in die Tiefe eindringt, in die Gottestiefe, in diese pulsierende Liebe, bleibt seine Seele wie ein Stein. Sie wird immer wieder auf diese Erde zurückfallen und sich in ein neues Gewand dieser Welt kleiden.

Gewandet euch mit der Tugend des Heiligen Geistes! Gewandet euch mit der Liebe zu Gott und eurem Nächsten! Dann werdet ihr die Beweise des Inneren erlangen, weil die pulsierende Liebe, das ewig heilige Gut, sich dir, o Mensch, und dir, o Seele, bemerkbar macht.

Mein Vater ist der Vater der ewigen Liebe. Ihr alle seid Kinder dieser ewigen Liebe. Im Reiche Meines Vaters existiert nur Liebe. Wer also in dieses Reich eingehen möchte, der werde zur Liebe. Jeder Seelenpartikel muss eins mit dieser kosmischen Liebe werden und, wie einige von euch wissen, sind es Trillionen und Abertrillionen Seelenpartikel, die eins mit der ewigen Liebe sein müssen.

O sehet: Meine Aufgabe ist es, euch Menschen und Seelen zu dieser kosmischen Liebe zu führen. Deshalb gebe Ich Aufklärungen, auf dass ihr den Weg zum Leben findet. Der Geist des Sohnes Gottes bindet euch an keine äußeren Einrichtungen; Er bittet euch: Werdet frei von Dogma und Form! Werdet frei von den Scheinlichtern dieser Welt. Dringt in das ewige Leben ein, dort, wo das Licht des Heiligen Geistes leuchtet. Verwirklicht dieses innere Licht, indem ihr betet und Gutes tut, indem ihr furchtlos über diese Erde wandelt, denn wahrlich, Ich sage euch: Ich Bin bei euch alle Tage eures ewigen Lebens! Wahrlich, Ich sage euch: Der Geist des Vaters und des Sohnes ist von euch nicht getrennt – Ich wandle in eurer Seele mit euch.

Wovor sollt ihr euch fürchten? Fürchtet euch nicht – seid freudig und friedvoll, und verbreitet das Evangelium der Liebe, indem ihr die Liebe Meines Vaters praktiziert. Denn wer aus der Liebe Gottes nur die Worte vernimmt und sie nicht verwirklicht, bleibt ein tönern Erz und eine klirrende Schelle. So lehren viele das Evangelium der Liebe – doch sie leben es nicht. Deshalb werden ihre Anhänger auch nicht angesprochen, denn nur wer die Liebe verwirklicht, ist ausstrahlend und lebendig. Diese heilige Kraft schlägt über und dringt in die Seelen und Menschen ein.

O sehet: So sind Meine Offenbarungen die Saat der Liebe und des Lebens. Wer sie nur hört und nicht verwirklicht, der kann nicht ins Vaterhaus eingehen, weil diese Saat nicht keimt. Als Jesus von Nazareth säte Ich die Gottessaat aus. Habt ihr Menschen und Seelen sie mit dem Leben und dem Liebesodem begossen? Wenn ja, so würde sie in allen Völkern sprießen, und ihr wäret e i n Volk, e i n e

Liebe, e i n Leben, das furchtlos dem ewigen Ziel entgegengeht.

Mein Reich ist ein Reich des Geistes und ein Reich des Friedens, ein Reich der Harmonie und Liebe. Wer in dieses kosmische ewige Reich eingehen möchte, der werde friedvoll, der verwirkliche das Gebot der Gebote. Denn wahrlich, wahrlich, Ich sage euch: Ihr werdet nur in die ewigen Himmel eingehen, wenn ihr den inneren Himmel, eure gereinigte Seele, die zum reinen Ätherkörper geworden ist, mit in die Himmel bringt. Ansonsten bleibt die Seele ihrem Zustand entsprechend in einer Astralwelt oder auf dieser Erde gebunden.

Seid bereit, euren Körper zu erleichtern, indem ihr eure Seele erweckt. Seid bereit, mit der Natur zu leben, auf dass sich nicht nur die Seele reinigt, sondern auch eure Körperzellen in höhere Schwingung kommen. Denn wer fast tote Nahrung zu sich nimmt, reduziert die Schwingung der Seele und seines Körpers.

Würde der Mensch auf die Naturgesetze Meines Vaters achten, würde er die Erde in Liebe untertan machen, so wäre im ganzen Sonnensystem die Harmonie und der Ausgleich im Mineral-, Natur- und Tierreich. Wer trägt die Schuld am Zustand der Erde? Ist es Mein Vater, der euch alles schenkte? Sind es die Nächsten? Oder ist es jeder Einzelne von euch? Wahrlich, wahrlich, Ich sage euch: Was ihr sät, werdet ihr ernten! Die Schuld liegt auf des Menschen Seele und auf dem Menschen selbst.

Deshalb tuet Buße; bittet um Vergebung eurer Sünden, auf dass euch Mein Vater durch Mich vergeben kann. Lebt das Gesetz der Liebe, und ihr fühlt die Erleichterung eurer Seele und eures physischen Leibes. Ihr werdet daraufhin die pulsierende Liebekraft verspüren, die zwischen euren physischen Augen verankert ist. Erst dann wisst ihr: „Wahrlich, Gott lebt in mir, und in mir ist ein zweiter Körper, der sich durch meine Hingabe an

Gott, durch mein positives Leben entfalten möchte."

Aus dem Reich Meines Vaters fließen Kräfte über Kräfte. Diese Kräfte schenke Ich euch durch den ewig fließenden Segen. Durch diese Kräfte erhaltet ihr Linderung und Gesundheit für Seele und Leib, Körper und Leben. Denn der Verstand, so glaubt der Mensch, ist der Geist – es ist sein Geist, der die Gesundheit braucht. Deshalb segne Ich diesen physischen Geist, den Verstand, auf dass ihr die Ströme des Lebens verspürt und den ewig heiligen Geist walten lasst.

> *Mein Vater, der Du das Leben, die Liebe, der Friede und die Harmonie bist, aus Deinem Urstrom segne Ich Deine Kinder, die Ich angenommen habe.*

Ich segne die ganze Schöpfung. Ich segne eure Gemüter, auf dass ihr weise über die Dinge des Lebens nachdenkt, weshalb ihr dies und jenes braucht.

Friede und Harmonie sind in Meinem Segen enthalten.

Tuet, was Ich als Jesus von Nazareth tat: Verwirklicht die Liebe Gottes, und ihr fühlt den geheiligten Segen Meines Vaters.

Amen.

Das Gesetz der Unendlichkeit Gottes im Menschen ist der große Innere Arzt und Heiler.

Christus,
der Sohn Gottes und Mitregent des Reiches Gottes,
offenbarte am 5. Juli 1980 in Salzburg:

Ich Bin das Licht, der Frieden eurer Seelen. Erquickt euch an dem heiligen Licht, das sich auf Golgatha in jede Seele eingeboren hat. Seid freudig und dankbar, denn unendliches Heil ist jedem Einzelnen von euch beschieden, denn Ich, Christus, das Licht eurer Seelen, führe euch zu dem ewigen Vaterstrom, von dort ihr einst ausgegangen seid.

Lebt, was Ich euch als Jesus von Nazareth verheißen und vorgelebt habe, auf dass ihr das Leben, die innere Fülle der ewigen Himmel, erfasst, erkennt und verwirklicht.

Ich Bin das Licht der Welt und eins mit dem urewigen Strom, der das Gesetz der Unendlichkeit ist. Somit Bin Ich im Vater, der Vater in Mir, der eine Geist in euch, das Gesetz des Heils. Dieses Gesetz möchte euch die Fülle der Himmel bringen. Wer sich jedoch nicht auf das ewige Gesetz Meines Vaters ausrichtet, wer sich nur nach dieser Welt orientiert, der kann das innere Heil nicht erfassen, so auch nicht die Stimme seines Meisters und Erlösers, der durch einen Menschenmund zu euch Menschen, die ihr Kinder Gottes seid, spricht.

Das Gesetz Meines Vaters muss gelebt werden, denn eure Seelen sind nach dem Gesetz Meines Vaters geschaffen. Der geistige Leib, der in euch lebendig ist, muss sich entwickeln – einerlei, wo sich die Seele befindet, im Diesseits, im Erdenkleid, im Jenseits in den Reinigungsebenen oder in einer weiteren Inkarnation, weil sie in dieser Inkarnation das Heil, das Gesetz des Ewigen, in sich nicht erkannt und verwirklicht hat. Jede Seele muss die Stufen der Himmelsleiter gehen, um einst dort zu sein, von wo sie ausging.

O sehet: Unwissend und begrenzt ist die Menschheit, obwohl so viel über die Macht der Gedanken gesprochen wird, gerade von Seiten des reinen geistigen Seins. Meine Kinder verstehen jedoch in diesen zweitausend Jahren noch nicht, was Gedankenkraft bedeutet und was negative Empfindungen, Gedanken, Worte und Werke für Ursachen schaffen.

Das Gesetz Gottes im Menschen ist der große Arzt und Heiler. In dieser Stunde möchte Ich zu euch über das Gesetz, den großen Inneren Arzt und Heiler, sprechen. Das Gesetz Meines Vaters ist absolut und vollkommen. Es kennt weder Krankheit noch Schicksalsschläge, Bedrängnisse und Sorgen.

So werden sich viele von euch fragen: „Die Welt lebt in der Bedrängnis, verspürt die Krankheiten, ja, sie i s t *krank. Woher kom-*

men diese Unzulänglichkeiten, wenn das Gesetz Gottes absolut und vollkommen ist?"

Viele von euch werden fragen: „Weshalb schickt mir Gott dieses Leid? Weshalb bin ich krank? Was habe ich getan?"

Wie Ich sagte: Der Mensch ist unwissend und somit in seiner Denkweise gebunden. O sehet: Als Jesus von Nazareth sprach Ich: „Was ihr aussät, das werdet ihr ernten." Was ist denn die Saat der Menschen? Es sind die Empfindungen, Gedanken, Worte und Handlungen.

So werdet ihr sagen: „Die paar negativen Worte oder diese und jene Handlung kann mir doch keine solche Krankheit oder kein solches Schicksal auferlegen!"

O sehet: Würdet ihr von den Vorleben eurer Seele wissen, so wäre es euch ganz klar: „Dort, in dieser Zeit habe ich meine Seele verschattet; es ist somit die Seelenschuld, auch Karma genannt." So, wie jedes Geschwür aufbrechen und ausfließen soll, damit sich die Zellen regenerieren können, so muss auch die Ursache als Wirkung ausfließen, damit sich die Seele regenerieren kann. Die Ursachen sind somit gesetzeswidrige Empfindungen, Gedanken, Worte und Taten.

So werdet ihr sagen: „Dieser und jener handelt laufend wider das Gesetz Gottes! Er praktiziert nicht die Nächstenliebe, und trotzdem geht es ihm gut. Ist das der Gott der Gerechtigkeit?“ Und Ich sage zu euch: Gott ist der Gott der Gerechtigkeit! Die Saat von jenem Menschen geht eventuell erst in den Stätten der Reinigung oder bei einer weiteren Inkarnation auf.

So werdet ihr sagen: „Gott in Christus ist doch die barmherzige, vergebende, verzeihende Liebe!“ O ja! Ohne Gnade – keine Liebe. Der Mensch oder die Seele muss jedoch die Ursachen erkennen, denn nur durch Selbsterkenntnis kann die Seele reifen. Würde Gott jede Schuld zudecken und ohne Erkenntnis von Seiten des Menschen oder der Seele vergeben, so gäbe es immer wieder einen

Rückfall in die Sünde. Erst wenn der Mensch oder die Seele des Menschen, sofern sie schon in den Stätten der Reinigung ist, die Schuld, die Saat, erkennt, beginnt die barmherzige Liebe und Gnade zu wirken. Sobald ihr eure Fehler und Schwächen erkennt, sie zum Kreuz der Barmherzigkeit tragt, werdet ihr in eurem Inneren, in eurer Seele, das fließende Heil, das Gesetz verspüren, das euch beisteht und hilft.

Gott, euer Vater in Mir, wartet nur darauf, bis ihr reumütig kommt – und Reue kann der Mensch nur empfinden, wenn er seine Schuld erkannt hat. So ist es auch mit den Krankheiten und Sorgen. Sobald ihr eine Krankheit bejaht, öffnet ihr euch für diese gegensätzliche Schwingung.

„Ich bin Geist“, wurde euch als geistiges Glaubensbekenntnis gegeben. Was bedeuten diese Worte: „Ich bin Geist“? Der Geist ist absolut und vollkommen. Er kennt keine Krankheit und nimmt sie auch nicht an. So-

bald ihr sagt „Ich bin krank", verdrängt ihr die Gesetzesströme Meines Vaters; die Zellschwingung eures Körpers reduziert sich, und die Krankheit verstärkt sich.

Wenn ihr auch Unpässlichkeiten verspürt, oder wenn ihr krank seid, so bejaht beides nicht, sondern sagt: „Ich bin Geist, und Der, der in mir lebt, kennt weder Unpässlichkeiten noch Krankheiten. So es für meine Seele gut ist, wird das Gesetz, der große Arzt und Heiler, in mir wirksam werden, denn ich bin in Wirklichkeit Geist." Das ist die Bejahung der unendlichen ewigen Kraft, der Kraft des Geistes im Menschen.

O sehet: Durch gegensätzliche Gedanken, Worte und Taten verschattet der Mensch seine Seele. Was heißt, er verschattet seine Seele? Er verdrängt durch gegensätzliches Denken und Handeln die innere Kraft, den großen Arzt und Heiler. Die Seele kann die allumfassenden Ströme nicht mehr vollkommen aufnehmen und sie in den Körper zu euren Organen lenken. Wenn ihr zum Beispiel sagt: „Da und dort treten Krankheiten auf; hoffentlich", so spricht der Mensch, „werde ich davon nicht befallen!" – das Wort „hoffentlich" ist schon eine Schwingung, die nicht im Gesetzesleben Gottes schwingt. Im selben Augenblick zieht ihr schon diese Krankheit an, die ihr fürchtet.

*Denkt und sprecht: „Ich bin Geist, und Der, der in mir wirkt, ist gesund – Er ist mein Arzt und Heiler. Ich nehme weder Bazillen noch Viren an, denn ich bin vollkommen."** *Bejaht das heilige Gesetz in euch, und verwirklicht es, und ihr werdet an Leib und Seele gesunden.*

Sind in der Seele jedoch Ursächlichkeiten, das heißt, Verschattungen, große Verschattungen, so müssen sie ausfließen, so, wie Ich euch eben sagte, wie das Geschwür – es muss aufbrechen und ausfließen. Sofern ihr aber die Gesundheit bejaht und euch immer wie-

---

* Die Hinwendung an den Inneren Arzt und Heiler schließt natürlich die sorgfältige Beachtung von Hygienemaßnahmen nicht aus.

der dem großen Arzt und Heiler, Christus, eurem inneren Licht, zuwendet, wenn ihr in eurem weiteren Leben das Gesetz des Lichtes befolgt, wird in euch der große Arzt und Heiler wirksam werden. Er baut entweder die Seelenschuld ab, sofern sie gering ist, oder sie kommt nicht voll zum Tragen.

O sehet: Das Licht, das in dieser Stunde zu euch spricht, ist in euch. Es möchte alles Negative und somit Gesetzwidrige verzehren. Baut und vertraut dem Inneren Arzt und Heiler, * *dem Gesetz Gottes in euch, und ihr werdet erkennen, dass Ich, das Licht eurer Seelen, euch frei und freudig stimmen werde. Denn wer Mich in sich erkennt und Mich in sich erlebt, der wird frei von all der äußeren Bindung.*

Was sind die äußeren Bindungen? Es ist vor allem die Furcht vor dem Tod, vor Krank-

---

* Die Hinwendung an den Inneren Arzt und Heiler schließt die Konsultation eines irdischen Arztes nicht aus.

heit, vor Schicksalsschlägen. Und immer wieder spricht der Geist des Inneren zu euch: Wovor ihr euch fürchtet, das zieht ihr an. Das hat über euch Macht. Gebt ihm nicht die Macht. Strahlt es an mit der inneren Liebe, mit dem tiefen Glauben an Mich, und es wird macht- und kraftlos!

Seid bereit, den Christus Gottes in euch zu erkennen, Ihn zu lieben, eure Gedanken zu überprüfen. Dann werdet ihr erkennen, dass Ich, der Ich hier spreche, die absolute Wahrheit Bin, der Tröster aus den Himmeln.

O sehet: Ich möchte euch beistehen. Deshalb offenbare Ich Mich im Wort, auf dass ihr Einkehr haltet. Und einkehren, hin zu dem All-Einen, können Mensch und Seele nur, wenn der Mensch erkennt, um was es geht. Ihr wisst alle um das Gebot der Gebote. Wie oft sagt ihr: „Ich werde niemals etwas Böses tun. Ich versuche, in Frieden zu leben." So möge sich jeder von euch fragen: Sind die Empfindungen und die Gedanken allezeit gut? Sind sie in der Ordnung Gottes? – Keiner kann sagen, dass sämtliche Empfindungen, Gedanken und Worte in der Ordnung Gottes sind.

Ihr werdet sagen: „Wir sind Menschen, mit unseren Unzulänglichkeiten behaftet." O ja. Der allwissende Geist sieht und vernimmt alles. Damit ihr aber diese sogenannten Unzulänglichkeiten erkennt, die sich nach und nach in der Seele als Seelenschuld aufbauen, lehre Ich durch das Innere Wort.

O sehet: Der große Innere Arzt und Heiler möchte über alles Dunkle den Balsam der Himmel legen. Der Mensch und die Seele müssen jedoch die Ursächlichkeiten, die Saat, erkennen.

Seid bereit, Mich, den großen Arzt und Heiler, in euch anzunehmen. Lebt das Gebot der Gebote, die Liebe zu Gott, Meinem Vater, und zu eurem Nächsten – ja, zu eurem Übernächsten; es ist das Mineral-, Natur- und Tierreich. Denn Gott ist eine Einheit, und ihr sollt mit allem eine Einheit bilden, mit allen

Menschen, gleich, welcher Konfessionen. Bildet eine Einheit, und schließt die Natur-, Mineral- und Tierreiche mit ein. Handelt positiv an diesen äußeren Lebensformen, denn auch in ihnen und durch sie strahlt das Gesetz Meines Vaters.

Gott über alles zu lieben bedeutet, dem Nächsten in Liebe zu begegnen, auch in den Empfindungen und Gedanken. Denn wenn du deinen Nächsten nicht lieben kannst, wie kannst du Gott lieben, der im Nächsten ist?

*O sehet: Wer das innere Ohr erschlossen hat, wer das Herz für Meine Offenbarungsworte geöffnet hat, der erkennt, dass Ich, der Geist des Inneren, Meine Kinder an keine Konfession binden möchte – auch nicht an das äußere Wort „Heimholung".**

* Diese Offenbarung des Christus Gottes wurde im Jahr 1980 im Rahmen des „Heimholungswerkes Jesu Christi" gegeben, das Lehr- und Aufklärungswerk, aus dem das Tatwerk „Universelles Leben" hervorging.

Dieses Wort sollt ihr geistig verstehen. Den Sinn dieses Wortes sollt ihr in euch verwirklichen. Es bedeutet: „Christus möchte meine Seele zubereiten, sie reinigen und strahlend machen, auf dass Er mich nach diesem irdischen Leben heimholen oder heimführen kann."

O sehet: Es tut sich keine weitere Konfession auf – o nein! Es ist das Licht eurer Seelen, das euch zubereiten und heimholen möchte. Denn Ich Bin ausgegangen, alle Meine Schafe heimzuholen, hin zu dem Ewigen zu führen, der euer Vater ist.

Wer also das Vaterunser mit dem Herzen betet, wird erkennen, dass dieses Gebet ein Einheitsgebet ist. Somit Bin Ich der Geist der Einheit und Liebe.

O sehet: Die äußeren Formen haben Meine Kinder in die Welt geführt. Wenige der Menschen und Seelen, die sich an Konfessionen gebunden haben, wissen, dass sie selbst der

Tempel des Heiligen Geistes sind, dass Gott, das Licht der Seele, jeden Menschen selbst führen möchte.

O sehet: Würde Ich diese äußere Form bejahen, die unter Mein Volk Trennung brachte, so wäre Ich nicht der Gott der Einheit und Liebe, denn Ich Bin eins mit Meinem Vater im Himmel. Und wenn Ich spreche „Ich Bin der Gott der Liebe", so besagen diese Worte, dass Mein Strom in der allgegenwärtigen Liebe fließt, und zwar in den vier Wesenheiten Meines Vaters, in den Bereichen der Ordnung, des Willens, der Weisheit und des göttlichen Ernstes.

Meine Kinder, die Zeit ist ernst. Die irdischen Tage sind gezählt. Weiht Mir eure Seelen! Ich führe euch zu keiner Konfession – Ich bitte euch: Weiht dem inneren Licht, dem Christus, der hier spricht, eure Seelen! Betet mit dem Herzen. Glaubt, und vertraut dem inneren Gesetz, dem großen Arzt und Heiler. Überprüft euch täglich, und erkennt eure

Schuld. Übergebt sie dem inneren Licht zum Verzehr, und ihr werdet nach und nach mit Mir eins werden.

O sehet: Ich gebe euch keine Glaubensform, die nach außen führt. Ich sage zu euch: Ihr seid Geist! Wendet euch zu dem heiligen Geist, der in euch lebendig ist, und ihr werdet lebendige Menschen, Menschen mit Herz werden. Die Erkenntnisbreite wird sich erschließen. Was ist die Erkenntnisbreite? Es sind die noch verschlossenen Bewusstseinsstufen, die verschatteten inneren Himmel. Sobald sie sich öffnen, werdet ihr die innere Macht erleben, denn sie möchte den äußeren Körper führen und lenken.

Ich Bin eins mit Meinem Vater und somit in euch das Gesetz. Wendet es in dieser Stunde mit Mir an. Glaubt an die innere Kraft, an den Arzt und Heiler, der alles vermag, sofern ihr glaubt und nicht mehr sündigt. Denn es steht geschrieben: „Nach deinem Glauben wird dir gegeben; gehe hin, und sündige fortan nicht mehr." – Was ist die Sünde? Es sind wiederum die Denk- und Handlungsweisen, die gegen das Gesetz des Lebens sind.

Viele unter euch fühlen sich krank und schwach. Glaubt an das Licht des Inneren! Haltet die rechte Hand auf die kranken, schmerzenden Stellen. Hebt die linke zum Kosmos und bittet:

> *„Das Licht des heiligen Geistes strömt in mich ein. Das ewige Licht ist mein Arzt und Heiler. So es der Wille des heiligen Lichtes ist, werde ich gesund.*
> *Die Schmerzen weichen.*
> *Der Geist, das Licht, möchte in die Zellen eindringen."*

Gebt dem Geist des Lichtes Raum in euch! Lenkt Ihn gedanklich in euer Herzzentrum. Dort ist das Christuslicht. Nun streut es mit Mir aus – in Gedanken lenkt es zu den kranken und schwachen Organen. Und erfasst das innere Glaubensbekenntnis, die Kraft in den Worten: „Ich bin Geist!"

O könntet ihr glauben – und viele unter euch wären in dieser Stunde gesund und heil! Das Licht eurer Seelen bittet euch hier im Wort: Bittet das Licht, es möge sich in euch verstärken! Lenkt es zu dem Herzzentrum, und lasst es dankbar in die schwachen und kranken Organe einströmen.

O sehet, auf dass ihr alle im Laufe der Zeit erkennt, dass Ich, euer Licht, euer Gesetz, euer Innerer Arzt und Heiler, hier durch das Innere Wort zu euch sprach, bitte Ich euch: Wendet diese heilige, von Mir gegebene Gabe an. Versucht, euren Lebenswandel auf Gott auszurichten, indem ihr tagtäglich Selbstkontrolle übt. Im Laufe der Zeit werdet ihr erkennen, dass euch das Gesetz, sobald ihr negativ denkt, Impulse sendet. Sie lauten: „Kind, was tust du?"

Und wendet nun diese Gnadenkraft an. Sagt nicht: „Ich bin krank." Sprecht nicht über eure Krankheiten. Sagt: „Ich bin Geist!"

Bejaht i n *euch das Gesetz, den Inneren Arzt und Heiler. Und versucht, durch Gebet und Hinwendung die heiligen Kräfte zu erbitten. Nehmt sie auf; sie fließen euch über die Seele zu. Sie dringen in das vierte Zentrum ein und verströmen sich. Ihr dürft sie durch die Kraft des Gesetzes lenken. Sagt jedoch immer wieder: „Dein Wille, o Herr, geschehe! So, wie es für mich gut ist, so soll es sein."*

Wendet das Gesetz an, denn es steht geschrieben: „Bittet, und es wird euch gegeben." Das heißt: Sprecht in Liebe, im Glauben und Vertrauen das Gesetz der Himmel an, und das Gesetz, der große Arzt und Heiler, wird euch beistehen.

Seid nicht lau. So, wie der Mensch Jahr für Jahr spart, um ein Haus zu erbauen, so müsst ihr Minute für Minute an euch arbeiten, auf dass das innere Licht-Haus, die Seele, erwacht, sich reinigt und das heilige Gesetz Meines Vaters sie und euch lenken kann. Baut nicht das geistige Haus auf Sand, indem ihr immer wieder zweifelt. Glaubt! Und seid beharrlich. Wahrlich, wahrlich, Ich sage euch: Die Beharrlichkeit in der Hinwendung zu Gott, in der Erfüllung des Gebotes lohnt sich. Der Geist wartet, bis Er euch einhüllen, das heißt, in die Arme schließen kann. O gebt eurem Vater in Mir die Möglichkeit, indem ihr euch dem inneren Licht und somit Mir, eurem Inneren Arzt und Heiler, eurem Erlöser und Führer, zuwendet.

Der Vertreter der Himmel, der Christus Gottes, bat euch im Wort: Handelt nach dem großen Gesetz der Himmel, das in euch fließt, und ihr werdet Kinder des Himmels werden. Auf dass ihr baldmöglichst diese heilige Kraft verspürt, auf dass ihr beharrlich diesen Inneren Weg geht, gebe Ich euch den Segen der Himmel. O nehmt ihn auf!

Baut auf diese segnende Kraft. Gebt von ihr weiter. Teilt aus, indem ihr das Gebot der Gebote verwirklicht. Denn der Geist des

Lebens sucht ehrliche, aufrichtige Herzensmenschen, die im Weinberg des Lebens mitwirken, denn es sind wenig Gerechte.

Den Segen Meines Vaters brachte Ich euch.

Die Liebe und den Frieden der Himmel lasse Ich euch. Wandelt in dieser segnenden Kraft des inneren Lichtes.

Amen.

Die Liebe ist das innewohnende Gesetz jeder Seele.

Christus,
der Sohn Gottes und Mitregent des Reiches Gottes,
offenbarte am 20. Juli 1980 in Stuttgart:

Mein Reich ist das Reich des Lichtes. Öffnet eure Herzen für die Sprache des Lichtes, auf dass ihr erfüllt und wissend diesen Raum verlasset. In jedem Einzelnen von euch ist der lebendige Geist. In ihm ist der Erlöserfunke, der Christusgeist, der euch frei machen und ins ewige Paradies, in das Leben der Gottheit, führen möchte. Über die gereinigte Seele dieses Menschen spricht der Geist Christi, euer Erlöser, auf dass ihr Den, der in euch lebt, ebenso wahrnehmen könnt, wie Ihn diese Seele wahrnimmt und der Mensch Ihn in seiner Muttersprache weitergibt. Denn das Licht ist Leben, und wer sich dem Leben zuwendet, der wird in seinem Inneren das Heil hören und später schauen. Denn jedem Einzelnen von euch ist diese Kraft des Hörens und Schauens gegeben. Deshalb verschließt die Ohren für diese Welt – öffnet die Ohren der Seele, lauscht in euer ewiges Sein, dort Ich, das Leben, Wohnung genommen habe.

Dieses Leben ist das Leben in Gott, es ist euer Leben, denn ihr alle seid Kinder Gottes. Wenn ihr also Kinder Gottes seid, so kann jeder von euch Gott, seinen ewigen Vater und Erlöser, vernehmen, sofern er sich von den Täuschungen dieser Welt abwendet und dem inneren Licht zustrebt. Liebe pulsiert aus dem inneren Sein; ewig allumfassende und durchdringende Liebe ist die Liebe Meines Vaters. Unendlich weise, geduldig und barmherzig ist diese innere Kraft. Sie möchte euch die ganze Unendlichkeit offenbaren, eure geistige Herkunft, euer geistiges Kleid, die Funktion jedes einzelnen Seelenpartikels, denn euer geistiges Kleid trägt die geistigen Atome, die Göttlichkeit, das Leben, die Ganzheit.

O sehet, vor rund 2000 Jahren lehrte Ich als Jesus von Nazareth. In der damaligen Zeit war die Menschheit in der Technik noch nicht gediehen, sie hatte für die innere Kraft noch nicht die entsprechenden Worte. Da ihr aber dank der inneren Kraft weiter gediehen seid, obwohl ihr den inneren Zustrom vermenschlicht habt, habt ihr einen kurzen Einblick, ja, einen geringen Einblick in das große Ganze erhalten. Ihr Menschen habt heute mehr Worte, da ihr mehr Wissen besitzt. Und diese Worte gebraucht der Geist, auf dass Er euch mehr aus dem kosmischen Sein, mehr von eurer ewigen Heimat offenbaren kann. Gebe Ich euch jedoch aus dem Spektrum der Unendlichkeit, dann schütteln viele von euch den Kopf und sagen: „Das kann nicht Christus sein, er hält sich nicht an die Heilige Schrift."

O sehet, der Geist möchte führend wirken, und Er möchte euch von einer Epoche zur anderen mehr geben, auf dass ihr das innere

Leben, das Wirken Gottes in euch, erfassen könnt. Leider muss Ich der Menschheit immer noch Milch statt feste Kost geben, da viele Meiner Kinder die Größe des einen, ewigen Geistes nicht verstehen können, der in jeder einzelnen Seele wirken möchte. Der Gottesgeist besitzt sieben Grundstufen, von der Ordnung bis zu der Barmherzigkeit. Spricht der Geist Gottes in Christus, in eurem Erlöser, durch die Bereiche der Ordnung oder des Ernstes, so fallen die Worte anders aus, als wenn der Geist aus der Eigenschaft Seiner Liebe spricht. Ihr Menschen könnt jedoch die Grundtendenz des Lebens nicht erfassen und nicht die weise Rede Meines Vaters durch Mich.

O erkennt den führenden und all-liebenden Geist. Sofern Er aus der Ordnung spricht, sagt Er: „O Kind, ist dein Leben in Ordnung? O Kind, betrachte die Institutionen, die kirchlichen Würdenträger. Ist hier alles in Ordnung?". „Mache ernst, Mein Kind," so spricht der Geist aus der vierten Stufe, „besehe dich selbst, betrachte dein Leben und erkenne: Gott, das ewige Licht, wohnt in dir, und du bist der Tempel des Heiligen Geistes. Reinige ihn, halte ihn rein und beachte das Gebot der Liebe."

So möchte Ich in dieser Stunde von der Liebe Meines Vaters zu euch sprechen. Die Liebe Seines Wesens sandte Mich, und die Liebe Seines ureigenen Wesens wurde durch Mich als Jesus von Nazareth offenbar. Einfach und bescheiden ging Ich diesen Weg, um euch ein Leben in Gott vorzuleben.

O Kinder dieser Welt: In eurem Inneren sind die Geistkörper, die aus der Liebe Meines Vaters hervorgingen. Weshalb könnt ihr diese Seine Liebe nicht verstehen? Als Bettler aus den Himmeln stieg Ich hinab und kleidete Mich in ein Erdenkleid ein. „Jesus" hieß dieses Kleid. Der Vater bat durch Jesus: „Höret, schafft euch nicht einen König dieser Welt, sondern erkennt den König der Himmel, den Geist, der in euch thronen möchte!" Dennoch nagelten sie vor rund 2000 Jahren den Jesus von Nazareth an das Kreuz, weil sie einen König dieser Welt wollten.

Meine Lehre konnten sie nicht verstehen, weil sie einfach und schlicht war. In Gleichnissen sprach Ich, in Bitten, mit ernsten Worten. Tausende hörten Meine Rede – nur einige verstanden Mich. Sie schüttelten ihr Haupt und verließen den Redner und somit Gott, der durch Jesus, durch Mich, sprach. Fast 2000 Jahre sind vergangen. O Mensch, kannst du die Bitten deines Vaters verstehen? Immer wieder schüttelt ihr das Haupt: „O nein, das kann nicht sein."

Der Geist Christi ist in euch, die Liebe ist in euch, die Liebe spricht hier zu euch und bittet, ja, sie bettelt euch an: Wendet euch Meinem Vater der Liebe zu, indem ihr Liebe gebt! Liebe ist der Weg ins Paradies. Durch die Liebe absolviert ihr Stufe für Stufe. Durch die Liebe erkennt ihr die Unordnung in diesem Leben, und vor allem eure eigene.

O Mensch, erkenne: Liebe ist Gott, die Liebe ist dein Vater. Immer wieder pocht Er durch Mich an die innere Pforte. Du jedoch, o Mensch, hast noch nicht begriffen, dass sich die Pforte erst auftut, wenn du in Liebe, Dankbarkeit und Demut zu Dem kommst, der in dir wohnt.

So fragen nach 2000 Jahren noch viele Meiner Kinder: „Wo ist Gott? Wo ist der Vater der Liebe?" Und Ich antworte euch heute ebenso wie damals, als Ich Jesus von Nazareth war: „Der Geist Gottes, der Geist deines Vaters, ist in dir, und du sollst dir bewusst werden, dass du der Tempel des Heiligen Geistes bist."

Gott ist fließende Ätherkraft, pulsierende schöpferische Liebe. Diese Schöpferliebe durchströmt das Mineral-, Natur- und Tierreich. Die Liebe des Schöpfers durchströmt die vier Wesenheiten und pulsiert in sämtlichen Sonnen und Gestirnen. Das ganze Firmament beruht auf der tragenden und durchströmenden Liebe.

O ihr Menschen, wenn ihr euch also Gott, eurem Vater, nähern wollt, dann erkennt, dass alles, was euch umgibt, ob es die Natur, das Tier, das Mineralreich ist – alles ist der Ausdruck Seiner Liebe. Würdet ihr Gott, euren Vater, über alles lieben, so könntet ihr nicht achtlos an Seinen Naturgeschöpfen vorbeigehen. Ihr würdet sie ebenfalls lieben, weil der Odem der Liebe sie durchströmt, so, wie er euch beleben, tragen und in Liebe befruchten möchte.

Viele Kinder dieser Welt sind für das innere Liebegeschehen taub. O Vater, o Mutter dieser Welt: Wenn du ein Kind hast, das blind, taub und stumm ist, wie wirst du es behandeln? Mit unendlich viel Liebe wirst du ihm einige Gepflogenheiten näherbringen, und du wirst dich freuen, wenn es einige deiner Weisungen wahrnimmt und mit Gesten zeigt: „Ich habe dich begriffen." So wartet euer Vater auf euch. Immer wieder berührt Er euch: „Kind, höre Mich, Ich Bin die Liebe!

Kind, schaue Mich in diesen Lebensformen – Ich Bin die Liebe! Kind, lausche in deine Seele – Ich Bin die Liebe!" Und reagiert dann das Menschenkind, dann überschüttet es die Liebe mit Freude, Dankbarkeit und Beglückung, weil das Kind erwacht. O sehet, so geht der Gottesgeist in Mir, eurem Erlöser, jedem einzelnen Menschenkind nach, bis es auf den inneren Impuls der Liebe reagiert.

Wie ist es, wenn du ein Kind hast, das nicht auf deine Weisungen hört? Jede Bitte, jede Ermahnung wird ausgeschlagen, dein Kind hört auf andere Menschen mehr als auf dich. Was kannst du tun? Du trägst es in Liebe, du wirst jedoch sagen: „O Kind, du musst nun die Erfahrung sammeln, auf dass du erkennst, wie gut ich es mit dir gemeint habe." So sagt auch Mein Vater: „O Kind, wenn du nicht auf Mein Liebepochen hörst, musst du die bittere Erfahrung der Wirkung deines ichbezogenen Denkens und Handelns machen." Er, der große All-Eine, verlässt euch jedoch nicht. Er bleibt wartend, ab und zu einen Impuls gebend, in eurer Seele. Er ist der große Lauscher, Er nimmt jede Liebereaktion wahr und lässt Ströme der Kraft in den Menschen einfließen, auf dass der Mensch erwacht und in seinem Schicksal erkennt: „Nein, nicht Gott sandte mir dieses Los, es war die Folge von Ursache und Wirkung." Ja, es ist Ursache und Wirkung. Schlechte Saat bringt schlechte Ernte.

Wendet sich jedoch das Kind dem Vater zu und somit dem Erlöserlicht, und spricht: „Ich habe gefehlt, Du, mein Herr und Gott, ich sehe es ein: Was ich trage, ist meine eigene Schuld. Vergib, o Herr", so erwacht in dieser Erkenntnisbreite des Menschen der innere Geist mehr und mehr, stützt Sein Kind und hilft ihm, dieses Los zu tragen. Sofern es gut für die Seele ist, mindert Er dies Los oder nimmt es hinweg.

O sehet: Das ist der Geist Gottes in jedem Einzelnen von euch und somit die verzehrende Christusflamme, denn Ich Bin eins mit Meinem Vater, in dem Einen Geist, der Mineral-, Natur- und Tierreiche durchströmt. Habt ihr die vier Wesenheiten Gottes, diese ersten vier Stufen, durchschritten, werdet ihr euren Erlöser als Bruder empfinden, denn Ich sage euch: Ich Bin der erstgeborene und eingeborene Sohn Gottes.

Die Liebe ist das innewohnende Gesetz jeder Seele.

Wer sich also Gott und somit Mir nähern möchte, der lebe das Gebot der Liebe. Werdet lauter in eurem Denken und Handeln, werdet freudig, denn Gott lebt in euch und ihr tragt ewiges Leben. Werdet friedvoll und harmonisch, glaubt und vertraut, denn Ich Bin in euch. Seid bereit, von den Meinungen, von Ideologien dieser Welt Abstand zu nehmen. Geht in die Stille und erkennt in euch die waltende Liebe eures Vaters und die pulsierende Kraft eures Erlösers. Dann werdet ihr erfassen, dass Ich euer Führer, euer Befreier Bin.

Die Welt brennt, und Mein barmherziges Wesen möchte die Kinder Gottes erretten. Ich schweige weder auf dieser Erde noch in den Astralbereichen. Mein Geist kommt mehr und mehr durch willige, demütige Knechte und Mägde zum Tragen, denn es ist das Ende aller irdischen Tage. Und Ich werde noch mehr Knechte und Mägde erwecken, auf dass Meine Kinder erfahren, dass die Liebe, die Barmherzigkeit und die Größe der Unendlichkeit in jedem Einzelnen wohnt. Ich werde sie erwecken und werde ihnen nicht nur Milch, sondern im Laufe der Zeit feste Kost geben, auf dass sie das große Ganze, das in ihnen lebt, erfahren.

O seid bereit, dieses Leben mit Mir zu meistern! O seid bereit, von aller Bindung Abstand zu nehmen, denn Bindung schafft Meinung. Bindung schafft Tradition, Bindung bringt Riten und Formen hervor. Werdet frei. Das ist die Bitte des Geistes Christus, der in euch lebendig werden möchte, der hier durch die inneren Bereiche Meines Instrumentes zu euch spricht. Gott ist ein Gott der Freiheit und Liebe, Weisheit und Größe. Wenn ihr liebt und von allem irdisch Gebundenen frei werdet, werdet ihr Erleuchtete werden, und die Weisheit Meines Vaters wird in euch und durch euch offenkundig.

So werden viele fragen: „Was wünscht Christus? Ich bete doch." Ich frage dich: Bist du ein wahrer Herzenschrist? Überprüfe deine Gebete. Sind sie lauter oder selbstsüchtig? Kommen sie aus dem Herzen oder aus dem Verstand?

Betest du vorgesprochene Gebete – oder betest du, indem du die Stille lebst, die Stille atmest, in der Natur, im Tierreich? Betest du, wenn du eine Blume betrachtest? Oder siehst du sie nur mit deinen materiellen Augen? Betrachte sie vom Herzen und erkenne: Die Blume ist das Auge Gottes. Es blickt dich an. Auch das ist ein Gebet. Betrachte die Emsigkeit eines Tierleins. Weshalb ist es so emsig? Nur weil es ein Tier ist? Dieser Gedanke ist menschlich, er kommt von außen und ist kein Gebet. Das Tier ist emsig, weil auch im Tier die Kraft des Heiligen Geistes ist. Betrachte es mit deinem Herzen, und du betest, o Mensch, Mein Kind.

Betrachte den unscheinbaren Stein. Es ist ein Stein. Achtlos lässt du ihn fallen, sofern du ihn in deine Hand genommen hast. Das ist menschlich und kein Gebet. Betrachte ihn aus deinem Herzen. Durch ihn strömt die Kraft, die Schöpferkraft der Unendlichkeit. Hast du ihn recht besehen, wirst du ihn nicht von dannen werfen, sondern milde auf den Boden legen. Das ist ein Gebet.

Gehst du an einem fremden Menschen vorbei und denkst: „Wie sieht er aus? Was kümmert er mich, ich bin mir selbst der Nächste", o Mensch, ist das ein Gebet? Gehe eingekehrt an diesem Menschen vorbei, sehe ihm in die Augen und denke: „Die äußere Form ist nur die Hülle dieser Welt. In der Hülle ist mein Bruder oder meine Schwester, darin ist Christus, der Geist, der in mir pulsiert." Und wiederum ist es ein lauteres Gebet der Seele und des Herzens. O Mensch, so findest du zur Einheit Gottes und verspürst die Liebe, die alles durchströmt.

Somit ist die Liebe der Ursprung allen Seins, und ihr seid aus der Liebe. Ohne Liebe keinen Aufstieg, ohne Liebe und Sehnsucht nach Meinem Vater keine Erleuchtung und somit auch keine göttliche Weisheit. Alles bleibt stumpf, geistig tot, weil die Liebe fehlt.

O Menschen, ihr alle seid Kinder Gottes, lasst Mich euer Führer sein. Lasst Mich euer guter Hirte sein! Lasst Mich euer Wegweiser sein, und erkennt, dass der Geist Gottes in euch lebt. Er ist die Liebe. Er ist die Weisheit und Größe, Er ist schöpferisches Wirken, in allen Bereichen der Unendlichkeit.

Durch die Liebe werdet ihr frei. Deshalb liebt alles, was euch umgibt. Erkennt, dass ihr alle Brüder und Schwestern seid. Bindet euch weder an kirchliche noch weltliche Obrigkeiten; erkennt das Gesetz der Liebe, dann wer-

den auch sie, die eure Brüder und Schwestern sind, frei. Denn die Freiheit in Gott ist die Erkenntnis der Liebe.

Ich liebe euch von ganzem Herzen, Ich umschließe euch mit der Kraft der Liebe und Barmherzigkeit. O höret den Ruf des Christus Gottes: Wendet euch ab von dieser unlauteren Welt und wendet euch Mir zu, dem Christus, der in euch wohnt. Aus der Eigenschaft der Liebe dringen Strahlen in diesen irdischen Raum ein.

O öffnet eure Herzen, auf dass die Liebestrahlen eure Seelen berühren. Aus der Liebe Meines Vaters segnet euch der barmherzige Christus Gottes. Wandelt in dieser segnenden Kraft und teilt aus, was euch gegeben: Liebe, denn die Liebe ist das himmlische Leben.

Amen.

Er, der große All-Eine, schenkte euch die ganze Unendlichkeit. Erkenne dein göttliches Erbe.

Christus,
der Sohn Gottes und Mitregent des Reiches Gottes,
offenbarte am 23. Mai 1981 in Klagenfurt:

Dein Glaube hat dir geholfen. O Menschenkind, gehe hin und sündige fortan nicht mehr!

Vor nahezu 2000 Jahren sprach Ich, der Geist Christi, diese Worte als Jesus von Nazareth. Ich brachte der Welt den Frieden der Himmel – die Menschheit jedoch erkannte und verstand Mich nicht. Als Geist des Lebens bringe Ich erneut dem Volk dieser Welt den inneren Frieden. Der Christus Gottes wird wiederum nicht erkannt und verstanden. Wie kann ein Vater durch Mich, Seinen Sohn, das Erdenvolk rufen, die Menschen heilen und er-

quicken, wenn die gesamte Menschheit nicht auf das eine Lebensziel schaut, das inwendig in jedem von euch, in jeder Seele ist?

Viele Menschen klagen immer noch Gott, ihren Vater, an und glauben, all die Schicksalsschläge, Sorgen, Nöte, Krankheiten und Kümmernisse würde der ewige Geist, das Leben, aussenden und den Menschen damit knebeln und züchtigen. Doch Gott ist die allumfassende und unbegrenzte Liebe! Gottes Geist ist das reine, allumfassende Gesetz, das fern von menschlichem Denken und menschlicher Einengung ist. Solange sich der Mensch nicht auf das hehre Gesetz Gottes besinnt und dieses in seinem täglichen Leben anwendet, wird er vielerlei Ursachen schaffen, die wiederum auf ihn zurückfallen werden. Deshalb sprach Ich schon als Jesus von Nazareth: „Deine Saat, o Mensch, wird auch deine Ernte sein."

Ich sprach niemals, dass euch Gott, Mein Vater, flucht, dass Er euch diese Lasten schickt, die ihr zu tragen habt, da ihr die Gesetze des

Lebens, diese allumfassenden Kräfte, nicht erkennt und im täglichen Leben praktiziert.

Der Mensch wandte und wendet sich mehr und mehr von Gott ab. Wenige Menschenkinder wissen um die ewig heiligen Kräfte, die vor allem im Menschen selbst, in der Seele, aktiv werden wollen. Der Mensch sucht seinen Gott außerhalb seines ewigen Bewusstseins und engt sich damit mehr und mehr ein. Das Bewusstsein des Menschen schrumpfte und schrumpft. Er erkennt nicht mehr die allumfassenden Weiten, das unbegrenzte Leben. Er blickt nur auf das Zeitliche und Räumliche und engt sich damit mehr und mehr ein. Er spricht von Kontinenten, von Ländern, Städten, Gemeinden, Dörfern, Orten. Er geht immer weiter zurück und engt sich mehr und mehr ein: der Familienbesitz, das kleine Haus, der Garten, die Wohnung, das Zimmer.

So wie er Landesgrenzen und Städtegrenzen schuf, so schuf er Grenzen von Gemeinden, Dörfern; so schafft er Grenzen um sein kleines Hab und Gut; so begrenzt er sich mehr und mehr und glaubt, das, was er in mühseliger Arbeit erworben hat, ist sein Besitz. „Die kleine Wohnung mit dem Mobiliar, das Haus und der Garten", so spricht der Mensch, „das ist mein. Ich habe es mir erworben." So zäunt er sein kleines Hab und Gut ein – und zugleich verengt er auch sein geistiges Bewusstsein. Der Horizont geht zurück, die Einengung wird immer stärker. Was tritt hervor? Das menschliche Ich, die Eigenliebe, die Selbstsucht. Er blickt stolz über den Zaun zum Nachbarn: „Das sind des Nachbarn Blumen und Sträucher, das ist des Nachbarn Haus und des Nachbarn Grundstück. Hier wohne ich", so empfindet der Mensch und engt sich mehr und mehr ein. Das Menschenkind in der Stadt geht zu seiner Wohnung, öffnet die Wohnungstür, verschließt diese und denkt: „Nun bin ich in meinen eigenen Wänden. Ich bin nun der Herr."

Erkennt ihr die Einengung des menschlichen Bewusstseins? Durch diese Einengung wurde auch die Seele eingeengt, die sich sodann mehr und mehr verkleinerte, da der Mensch dem Gottesgeist nicht die Herrschaft über sich schenkte, sondern seinen Verstand ausprägte. Auf diesen Verstand ist der Mensch noch stolz; er nennt ihn den Intellekt. Dieser Intellekt bildete sich nur heraus, weil sich der Mensch vom großen Einheitsdenken entfernte und sich mehr und mehr auf sein menschlich Ich berief und beruft: „Ich, der Mensch, und mein Besitz." Jeden Unrat von Gedanken und dergleichen glaubt er, über Bord, über seinen Zaun werfen zu können, nach dem Motto: „Er liegt gut in Nachbars Grundstück." Wesentlich ist dem Menschen, dass sein Hab und Gut, sein Besitz nicht verunreinigt wird. Scheel blickt er in des Nachbarn Grundstück, sofern dieser neue Gegenstände erwirbt. „Ich, der Mensch", so steigt es ihm aus dem engen Bewusstsein empor, „benötige dasselbe." Und er arbeitet und arbeitet, um wieder einzuholen, den Besitz zu erweitern, das Mobiliar zu vergrößern. „Ich", so spricht der Mensch,

„bin mir selbst der Nächste", eingeengt in sein menschliches Denken. Kommt dann das Alter des Menschen, dann betrachtet er stolz sein Hab und Gut und vererbt dieses weiter.

Von Generation zu Generation verbleibt diese Einengung: „Wir, die Menschen. – Ich, mein Hab und Gut." In diesem engen Bewusstseinsstand lebt eine Generation nach der anderen, sät Gegensätzliches und erntet auch Gegensätzliches. Dann fragt der Mensch: „Was habe ich getan? Ich habe nur mein Erbe verwaltet. Woher kommen nun meine Krankheiten und Schwächen? Was ich in jungen Jahren erwarb, kann ich nicht mehr behalten. Zieht eventuell der Tod ein, und muss ich alles lassen?"

Die wenigsten erkennen, dass das, was sie besitzen, nur eine Leihgabe ist, die nicht ihnen gehört, sondern dem großen Bewusstsein Gottes, dem ewigen Vater, der nicht in kleine Zellen aufteilte und diese Seinen Kindern schenkte.

Er, der große All-Eine, schenkte euch die ganze Unendlichkeit! Der Mensch jedoch in seinem kleinen, engstirnigen Denken kann diese große Empfindung des ewigen Vaters nicht mehr erfassen, da er sich mehr und mehr von dem großen Leben entfernt und das herrliche Erbe, das in ihm schlummert, nicht erwecken kann, weil er den Schlüssel zum Erbe und somit zum Königreich Gottes nicht erfassen und verwirklichen kann. Der große Schlüssel zum Königreich Gottes, das in dir ist, ist die allumfassende, uneingeschränkte göttliche Liebe.

Wer Gottes Liebe anstrebt, der erlebt das große Erbe und erkennt, dass diese Erde nicht in Länder, Städte, Gemeinden, Dörfer, Orte, Wohnungen, kleine Zellen aufgeteilt ist, sondern Gottes Geist hat euch die unendliche Schöpfung geschenkt. Ihr alle seid Kinder dieses kosmischen Lebens. Solange ihr Gott nicht liebt und euren Nächsten nicht als Bruder und Schwester betrachtet, werdet ihr auch als Seele in dieser Einengung leben und sowohl als Mensch als auch als Seele den von euch selbst auferlegten Ballast tragen.

Liebe, Meine lieben Kinder, ist der Schlüssel zur Vollendung. Die Liebe zu Gott, eurem Vater, und zu eurem Nächsten öffnet euch das innere Erbe, und ihr werdet gewahr werden, dass euch alles gehört.

„Macht euch in Liebe diese Erde untertan." Wie steht es mit der menschlichen Gesinnung? Macht sich der Mensch diese Erde in Liebe untertan? Die Meere, Flüsse und Seen gehören nicht zu der kleinen Zelle, zu der Einengung des menschlichen Ichs. Die Meere, Flüsse und Seen sind außerhalb der Umzäunung des menschlichen Ichs.

O, ihr Menschen, erkennt: Was ihr eurer Erde antut, das tut ihr euch selbst an. Was ihr euren Nächsten antut, das tut ihr euch selbst an. Denn was ihr in Gedanken, Worten und Werken aussät, fällt auf euch selbst zurück.

„Die Saat wird eure Ernte sein." Diese Worte erkennen viele, jedoch den tiefen Sinn erfassen die wenigsten Meiner Kinder, weil sie sich keine Zeit nehmen, über ihre eigene Saat nachzudenken. Der menschliche Horizont ist so eingeengt, dass er sich nur um sich selbst, um sein kleines Hab und Gut dreht. Aber eure Gedanken und Worte, auch eure Werke, gehen über eure Umzäunung hinaus, dringen in die Herzen eurer Nächsten, in die Meere, Flüsse und Seen. Und all das, was ihr aussät, das wird eure Ernte sein.

Der unwissende Mensch fragt: „Weshalb die Katastrophen? Was habe ich damit zu tun? Ich lebe in meinem kleinen Grundstück zufrieden und bescheiden." Lebst du, o Mensch, zufrieden und bescheiden? Überdenke deine Empfindungen und Gedanken, überprüfe deine Worte und Handlungen! Sowohl das Gegensätzliche als auch das Gute kommen auf dich zurück. Sie machen vor deiner Haustür oder deiner Wohnungstür keinen Halt. Auch wenn du dein Land umzäunst, sie klettern über den Zaun, die sogenannten Wirkungen, und dringen ein in dein begrenztes menschliches Denken. Gegensätzliche Gedanken steuern dich. Ohne Wissen oder nur mit geringem Wissen lässt sich der Mensch von allem Gegensätzlichen führen. Wenn jedoch Gottes Stimme ertönt und der Geist Christi Sein Volk zur Einheit und Brüderlichkeit aufruft, dann blickt der Mensch scheel auf jene, die sich für das Wort des Lebens zur Verfügung stellen.

Sicherlich, Meine lieben Kinder, die Propheten des Geistes waren für die Menschen noch nie angenehm, weil sie das aussprachen, was Gott ihnen eingab und was das göttliche Gesetz ist. Das Gottesgesetz ist die Einheit. Wenn du deinen Nächsten nicht liebst, verstößt du gegen das große Gesetz der Einheit. Wenn du deinen Vater nicht über alles liebst, handelst du wider dieses eherne Gesetz der Liebe. Tötest du mutwillig die Tiere, so han-

delst du wider das Gesetz der großen Einheit Gottes. Zerstörst du die blühende Natur, so trittst du auf das Gesetz Gottes – jedoch nicht im Sinne der inneren Macht, sondern im zerstörerischen Tun und Wirken. Alles Gegensätzliche, das von euch ausgeht, zieht in euch ein. Auch das Gute, das Gesetzmäßige, hat sowohl in eurer Seele als auch in eurem physischen Leib den bestimmten Platz. Denn über siebenmal sieben Ätherkanäle nimmst du sowohl das Gegensätzliche als auch das Gute auf. Und über siebenmal sieben Ätherkanäle strömen die Ursachen als Wirkungen in deinen Körper ein.

So klagt der Mensch und fragt sich: „Woher kommt die Krankheit?" Der nächste Gedanke des Menschen ist der Arzt. Der Innere Arzt und Heiler ist aus dem menschlichen Bewusstsein gestrichen, denn: „Gott wohnt irgendwo, jedoch nicht im Menschen" – so glauben viele unwissende Menschen und richten ihre ganze Gesinnung auf die Materie und auf einen

Arzt aus, sofern der Organismus erkrankt. Der Innere Arzt und Heiler, der Christusgeist, der sich in dieser Stunde den Menschen durch einen Menschen offenbart, wird nicht angerufen. Dem inneren, allmächtigen Geist wird nicht geglaubt, der Mensch denkt: „Er, der große Allwissende, ist nicht fähig, Sein Kind zu heilen." Der Mensch geht zum Arzt; dort sehnt er sich nach Medikamenten. An den Arzt und an die Medikamente glaubt das verblendete Kind, an den inneren, ewigen Arzt, an den großen liebenden Heiler wird jedoch nicht geglaubt. Die Medikamente sind für Meine Kinder wertvoll. Ohne darüber nachzudenken, ob diese eventuell weitere Ursachen schaffen können, werden sie unbedenklich dem Organismus zugeführt. Im Medikament, so glaubt der Mensch, müsste das Heil und die Gesundheit liegen.

Meine Kinder, erkennt endlich die Begrenzung jedes Einzelnen! Tretet endlich aus dieser Begrenzung heraus und erfasst, dass

Gottes Geist in allem Sein besteht und insbesondere in euch; dass die allmächtige Liebe jedem Kind beistehen möchte, sofern das Kind bittend zu dem inneren Leben kommt, denn es heißt: „Bittet, und es wird euch gegeben." Es wird euch gemäß eurer Seele und eurem geistigen Wohl gegeben, denn der ewige Geist blickt zuerst auf die ewig bestehende Lebensform, auf die Seele. Verweilt diese im Gesetz, dann wird auch dem physischen Leib die heilige Kraft zur Gesundung und zur inneren Lebensfreude übertragen. Der Mensch kann jedoch auf diese Kräfte nicht mehr bauen, weil er zu wenig um diese inneren, erbauenden ewigen Kräfte weiß.

O, ihr Menschen, ihr glaubt, wenn die Medikamente eures Arztes wirksam waren, dann seid ihr gesund. Ich aber sage euch: Wenn eine Seelenschuld ausfloss und ihr diese durch Medikamente und dergleichen zurückgedrängt habt, wird diese über einen anderen dieser siebenmal sieben Kanäle aus-

fließen, und wenn es nicht mehr in diesem, dann wird es in einem anderen Leben sein. Höret die Stimme des Inneren Arztes und Heilers, eures Erlösers Christus: Wendet euch dem inneren Heil zu! Bittet, und es wird euch gegeben!

Viele von euch sagen: „Ich gehe zu einem Arzt, und ich spreche sodann: ‚Herr, Dein Wille geschehe'." Menschenkind, überlege dir: Sprichst du diese Worte: „Herr, Dein Wille geschehe" mit deiner ganzen Seele und mit deinem ganzen Herzen – oder sind es nur Lippenbekenntnisse? Frage dich.

Wenn du dich in die Kraft des Inneren Arztes und Heilers einhüllst und mit dieser Kraft zu einem äußeren Arzt gehst – sofern es notwendig ist –, dann wird auch diese Kraft, in die du dich eingehüllt hast, im Arzt dieser Welt wirksam werden. Und dieser Arzt wird dir das Nötige geben, auf dass du wahrlich gesundest, so es im Willen Gottes liegt. Gehst du jedoch mit dem einzigen Wunsch beseelt zu deinem Arzt, um ein Medikament zu erhalten, auf dass du gesund wirst, dann sendest du keine gesetzmäßigen Kräfte aus, sondern Astralströmungen, und Astralwesen können den Arzt beeinflussen. Dasselbe gilt bei einer Operation.

Wo du auch hingehst, hülle dich mit der Kraft des Geistes ein, und lasse Gott, deinen Vater in Mir, deinem Erlöser, durch dich wirksam werden. Dann, o Mensch, Mein Kind, lösen sich alle Probleme und Sorgen. Der Innere Arzt und Heiler kann dir beistehen, sofern du dich Mir, deinem Erlöser, anvertraust. Entwickle in dir die Kräfte des Heiligen Geistes, indem du das Gesetz deines Vaters erkennst und dieses verwirklichst. Trete heraus aus deiner Begrenzung, und betrachte nicht dein geschaffenes Gut als dein Eigen. Erkenne das große Erbe Gottes. Du bist ein Kind, ein Erbe der Unendlichkeit – nicht ein Erbe einer kleinen Parzelle. Öffne dich, o Mensch, und erkenne, dass über deiner

Gartenmauer, über deiner Einzäunung ebenfalls das Leben pulsiert, dass alles eine große Einheit ist. Achte das Leben, und du wirst niemals zum Räuber und Mörder der Natur, der Tierreiche und deines Nächsten werden, indem du ihn bestiehlst, ihn ermordest und dergleichen vollbringst. Nicht nur diese Erde gehört allen Menschen und Wesen, sondern die ganze Unendlichkeit gehört jedem Einzelnen von euch, da ihr Kinder des ewigen Geistes seid und Erben der Unendlichkeit.

„Dein Glaube hat dir geholfen. Gehe hin, o Menschenkind, und sündige fortan nicht mehr." Wo ist dein Glaube? Wohin tendiert dieser? Betrachte dich tagtäglich und erkenne deine Sünden. Solange du immer und immer wieder sündigst und Dem nicht gehorsam bist, der die Liebe ist, wirst du dein Los und deine Bürde tragen.

Jeder Christ weiß um die Jesus-Worte, die sinngemäß lauten: „O kommet alle zu Mir her, die ihr mühselig und beladen seid. Ich will euch erquicken." Wohin wandelt der Mensch – zu Christus, dem Inneren Arzt und Heiler? Die Wenigsten vertrauen sich dem inneren Geist an. Die große Menschheit ist in sich so klein! Mühselig und beladen trägt sie ihr Joch. Der kleine Stolz des eigenen Ichs beruht auf dem kleinen Erwerb, auf dem geringen Erbe. So eingeengt, ja geistig bewusstlos ist das Kind des großen ewigen Geistes.

Würde Ich als euer Erlöser schweigen, so wäre Ich nicht im Bewusstsein Meines Vaters, der auch in Mir die Liebe und Barmherzigkeit ist. Dieses ewig heilige und vollkommene Bewusstsein wird sich noch einmal offenbaren, um der Menschheit den Weg zur großen Erkenntnis Gottes darzulegen. Gottes Einheit und Liebe sind in euch. Wer diese Kräfte nicht entfaltet, wird mehr und mehr kraftlos.

Viele Menschen erfahren: „Durch diese und jene Krankheit wird mir nun eine Ope-

ration zuteil werden." Ausgerichtet auf den äußeren Arzt, auf die Operation, geht der Mensch einem weiteren Schicksal entgegen. Würde sich der Mensch auf den größten Operateur besinnen, auf den Geist, der im Menschen wohnt, so könnten sich viele Operationen erübrigen. Und wenn sie sein müssten, so wären sie erfolgreich, sofern es vom Geiste aus bejaht werden kann, denn Er beachtet zuerst das Wohl eurer Seele.

Jedes Schicksal, Meine lieben Kinder, ist eine Zulassung Gottes und somit ein Fingerzeig. Euer Schicksal ist eine Zulassung von Gottes Hand, denn euer eigenes Schicksal sind eure eigenen Ursachen, die durch gesetzmäßige Kräfte wirksam werden. Vertraut euch Dem an, der in euch lebt. Verwirklicht das Gebot der Gebote. Es ist die unbegrenzte, unendliche Liebe eures Vaters. Sobald ihr euch zu dieser inneren kraftvollen Liebe bekennt und diese im täglichen Leben anwendet, wird euch auch die innere Fülle zuteil werden.

O ihr Menschen, die ihr Kinder Gottes seid, nun blickt nicht auf diesen Menschen, der euch Mein heiliges Lichtwort gibt.

Schließt eure Augen, versenkt euch und dringt in das zentrale Licht der Gottheit vor. Seid bestrebt, all eure Sorgen, eure Nöte, eure Krankheiten, euer gegensätzliches Denken und Handeln Mir, dem ewigen Geist eures Inneren, zu übergeben.

Ich wiederhole: Schließt eure Augen.

Glaubt an den Christusgeist, der in euch wohnt und sich entfalten, lindern und heilen möchte. Reinigt euer Gefäß. Glaubt an Mich.

Lasst Liebe zu eurem Nächsten ausströmen und ganz besonders zu Gott, eurem Vater.

Vergebt eurem Nächsten; sendet allen, die euch nicht wohlgesinnt sind, Liebe zu.

Befreit euch! Alles Gegensätzliche soll Dem übergeben werden, der in euch wohnt.

Kommet, o kommet in euer Inneres, und Ich werde euch die Kraft, die in Meinem Segen beinhaltet ist, zuteil werden lassen.

O Kommet alle zu Mir, die ihr mühselig und beladen seid. Legt alles auf Mein Kreuz. Sofern ihr an Mich glaubt und fortan bestrebt seid, eure Sünden zu erkennen und nicht mehr zu sündigen, wird sich in euch Mein Heil vollziehen.

Meine Kinder, öffnet euch ganz für Christus – nur für Gott, euren Herrn in Christus. Empfanget keinen anderen Strom als nur den Strom des ewig Heiligen Geistes.

Jedem von euch lege Ich Meine segnenden Hände auf. Und zu jedem von euch spreche Ich: Nach deinem Glauben, o Kind, wird dir gegeben. Halte Mein Leben fest. Gehe hin, o Kind, und sündige fortan nicht mehr. Hülle dich in die heilige Gnadenkraft deines Erlösers ein, dann wirst du ein Leben in Harmonie, in der inneren Freude und auch in der Gesundheit führen.

Meine segnenden Kräfte berühren jede Seele. Meine heiligen Hände lege Ich jedem Einzelnen von euch auf das Haupt. Lasst diese Kräfte einströmen. Nehmt diese Kräfte in euer Bewusstsein auf und erkennt die unendliche Fülle, die sich in eure Seele und auch in euren Leib ergießt.

Seid bestrebt, das Leben anzunehmen und nach den Gesetzen Gottes zu leben, dann wird euch weiteres Heil zuteil werden. Seid bestrebt, eure Empfindungen und Gedanken zu ordnen. Veredelt euer Gemüt, sprecht nicht mehr von Krankheiten und Sorgen, denn alles, was ihr aussendet, werdet ihr ernten. Sprecht von Gesundheit und von der inneren, heilenden Kraft, dass diese zu euch kommt und euch labt, dass sie euch nie vergisst.

Meine Kinder, ihr habt Meinen Segen empfangen. Diese heilige Kraft möchte euch jeden Augenblick berühren. Deshalb führt ein Leben in und mit Gott, auf dass sich euer inneres Gefäß mit dieser heiligen Kraft mehr und mehr füllt und eure Körperzellen aus diesem Gefäß das wahre Leben trinken. Die Fülle eures Christus Gottes ist euch sicher. Lebt in Gott, eurem Herrn, so lebt ihr in und mit Mir, denn Ich möchte euch Erlöser und auch Arzt sein.

Mein Offenbarungslicht geht zurück – Mein Erlöserlicht verbleibt in euch. Entzündet dieses durch ein gerechtes gottgewolltes und gotterfülltes Leben.

Amen.

Was bedeutet rechtes Fasten?

Christus,
der Sohn Gottes und Mitregent des Reiches Gottes,
offenbarte am 12. März 1982 in Würzburg:

Es ruft euch der einzig Gute Hirte zur Einheit und zum innigen Herzensgebet auf. O erkennet: Der himmlische Meister und Erlöser, Ich, euer innerer Christus, möchte euch führen und zum ewigen Lichte geleiten, zu den himmlischen Wohnungen, die unser ewiger Vater für jeden von euch bereithält.

O besitzet dieses Reich, das Reich des Friedens, der Einheit und Liebe! Trachtet nach diesem inneren Reich, auf dass euch die himmlischen Wohnungen erschlossen werden. Denn dort sind eure ewigen Familien, dort ist euer wahres Leben – dort, wo ewig Frieden, Harmonie und Liebe herrschen.

Wer in sich wahrlich sucht, der wird auch finden. Wer sein Bewusstsein erhöht, indem er die Lebensanweisungen des Geistes, die Gesetze der Himmel, befolgt, der wird Mich, den himmlischen Meister und Erlöser, finden. Viele Meiner Kinder suchen. Sie wenden sich da- und dorthin und glauben, nun die Wahrheit gefunden zu haben. Der Mensch bildet sich Meinungen, auf diese er sich beruft, da er sie als die Wahrheit betrachtet.

„Suchet, und ihr werdet finden" – das bedeutet: Suchen soll der Mensch mit reinem und klarem Herzen, ohne Meinungen und Vorstellungen, ohne Gebundensein.

Ihr hört immer wieder, der Mensch sollte zu gewissen Zeiten fasten, so auch vor dem Osterfest. Meine Lieben, was bedeutet in Wirklichkeit „Fasten"?

O erkennet, dieses Wort muss in seiner Tiefe erkannt werden. Es ist für die Menschheit nur ein Oberbegriff. Wer jedoch den Sinn dieses Wortes nicht erfasst, der glaubt, mit weniger Nahrung wäre alles getan. Fasten jedoch bedeutet viel mehr. Fasten bedeutet: Erhöhe das

Bewusstsein deiner Seele, und berühre deine Zellen mit entsprechenden Empfindungen, Gedanken und Worten. O erkennet, was Fasten bedeutet.

Es steht geschrieben: Jesus, des Zimmermanns Sohn, ging 40 Tage in die Wüste, um zu beten und zu fasten. Wahrlich, wahrlich, Ich sage euch:

Ich, als Jesus von Nazareth, habe allezeit gefastet. Denn der Nazarener lebte wahrlich nicht im Überfluss. Meine Nahrung war vom Säuglingsalter an bescheiden, sehr einfach. Das Kind Jesus musste oftmals hungern. Jesus, der große Prophet und wahre geistige Mystiker, wusste um ein bescheidenes Leben. Er lebte es von der ersten Stunde seiner Inkarnation an. Fasten bedeutet: weniger reden, nur Wesentliches; alles Unwesentliche übergebe der inneren, sich in dir vermehrenden Kraft. Fasten bedeutet, nur edle und lichte Empfindungen und Gedanken zu hegen. Fasten bedeutet, allezeit bescheiden zu sein.

O sehet: Als Prophet der ewigen Urkraft kam Ich als Jesus von Nazareth mit vielen Menschen zusammen. Jeder war suchend, jeder hatte andere Probleme und Sorgen. Auch Meine Apostel waren sich nicht immer eins. Immer wieder musste Ich schlichten, helfen, auslegen, immer wieder segnen und Kräfte verteilen. So zog ich mit den Aposteln von Ort zu Ort, predigte, lehrte und heilte.

O sehet: So verlangte mein Innerstes nach Ruhe und innerer Kraft. Diese Tage in der Wüste waren ein wahres Sich-hinein-Senken in das ewig hehre Bewusstsein der ewigen Kraft, ein Beten und Fasten im Sinne der Worte, der Gedanken, des Wanderns. O erkennet: In diesen Tagen schöpfte Ich erneut Kraft und erlangte ein weiteres hehres Bewusstsein, die verstärkte Fülle aus der Urkraft.

Fasten bedeutet also: sich zurückziehen, und sei es nur in ein stilles Kämmerlein. Wenn ihr eure Gedanken und Empfindungen überwacht, wenn ihr nur Wesentliches sprecht und alles Unwesentliche dem Ewigen übergebt, so werden eure Seele und auch euer physischer Leib stille. Ihr wisst: In der Stille liegt die Kraft. Wer sich also in das hehre Bewusstsein versenkt, der erlebt in sich die sich verstärkende, verströmende ewige Kraft. Dann ist es dem Menschen auch möglich, bewusst weniger Nahrung aufzunehmen, weil die Seele und auch der physische Leib in höhere Schwingungen gelangt sind. Die Seele, der Motor des Lebens, empfängt erhöhte Geistkraft und übermittelt diese dem Gehäuse, dem Menschen. Der Mensch sodann fühlt sehr bald, dass er von vielen Dingen Abstand nehmen kann, denen er in früheren Tagen nicht gewachsen war. Er wird durch die sich verstärkende innere Kraft immer mehr Abstand von den Genüssen dieser Welt nehmen, sei es von der Fleischnahrung, von den alkoholischen Getränken, von der Sinnlichkeit und jeglichen Begierden.

O erkennet: Wenn der Geist die Materie beherrscht, dann kann der Mensch alles, was weltlich ist, lassen. O sehet, das ist rechtes

Fasten, das ist ein wahres Leben in und mit Gott. Was nützt es euch, wenn ihr einige Tage die Nahrungsmenge reduziert und an den weiteren Tagen wieder danach giert? Was ihr heute aufhebt, das spendet ihr morgen wieder eurem Körper. Was nützen euch die Fastentage, wenn nach dieser Zeit wieder der „alte Adam" über euch hereinbricht?

O sehet: Wer wahrlich fasten lernt, der weiß um den Weg, um die Wahrheit und um das Leben. Wie oft ruft der Mensch: „Herr, Herr, hilf mir! Herr, Herr, heile mich!" O, das ewig liebende Gesetz möchte sich in jeder Seele, in jedem physischen Leib verströmen! Der Mensch jedoch transformiert die Kräfte seiner Seele und seines Leibes durch beständige Gegensätzlichkeiten mehr und mehr herab. Er baut einen Staudamm und lässt so die Kräfte nicht zur Wirkung kommen.

O erkennet: Wer um die inneren Kräfte, um die Lebens- und Heilkräfte bittet, der sollte das rechte Fasten lernen, die Gedanken-

kontrolle, den Abstand vom gegensätzlichen Reden und Empfinden. Dann führt ihn der Geist in die höhere Schwingung, wo Er, das Leben, wirksam werden kann.

So suchen viele nach der Wahrheit, und sie sprechen: „Ja, prüfet die Geister, woher kommt das sich offenbarende Wort? Von oben, aus den Zwischenreichen oder von unten?" Wahrlich, wahrlich, Ich sage euch: Wer seine Zellstruktur und auch die Partikelstruktur der Seele mit Meinungen, Ideen, Dogmen und allem, was die Welt bietet, verstopft, der kann wahrlich nicht prüfen. Er geht am Wort des Lebens vorbei, das von oben kommt.

O sehet: Um das Wort prüfen zu können, sollte der Mensch fasten. Das heißt, er soll sich von allen Meinungen und Vorstellungen befreien, von den einengenden Dogmen, von allem, was die Seele gefangen hält. Erst wenn er sich von diesem allen entschlackt hat, dann kann der Geist wirken, und ihm wird über das Gewissen der Weg und der rechte

Inspirator eingegeben werden. Viele von euch wissen: Gleiches zieht wieder Gleiches an. Ist der Mensch mit den äußeren Dingen dieser Welt verwurzelt, so wird auch seine Seele dort sein, denn wo dein Schatz ist, dort ist dein Herz, und dort wird auch deine Seele sein.

O denkt weise über diese Worte nach, und erfasst ihren hohen Sinn!

O fragt euch: Wo ist euer Schatz? Wo befindet sich euer Herz? Prüft eure Gedanken und Empfindungen – woran denkt ihr? Wohin streben eure Wesenszüge? Der eine haftet an den Essensgewohnheiten; er kommt von den Genüssen dieser Welt nicht los. Wieder ein anderer haftet an Dogma und Form, und immer wieder wird er von den Riten und Glaubenssätzen erfasst und denkt darüber nach. Wieder ein anderer haftet am Alkohol, der Nächste am Nikotin, der Übernächste am Rauschgift. O sehet: Wo euer Schatz ist, dort ist euer Herz, und dort wird einst eure Seele sein.

Meine geliebten Kinder, deshalb nützt es nichts, für kurze Zeit zu fasten, einige Tage, einige Entsagungen und Entbehrungen auf euch zu nehmen. Rechtes Fasten bedeutet die Gedankenkontrolle, der Aufbau der inneren seelischen, geistigen Kräfte. Wenn dann der Geist die Materie beherrscht, werdet ihr von all diesen Lasten befreit werden. Durch die Kraft des inneren Geistes könnt ihr sodann von allem, was diese Welt schön und angenehm findet, Abstand nehmen. Dann werdet ihr auch in euch die Wahrheit erkennen, weil ihr euch von allem, was weltlich ist, lossagen konntet. In eurem Inneren wird euch sodann der Schlüssel zur seligen Kraft gereicht, zum Tor des Lebens.

Wahrlich, wahrlich, Ich sage euch: Meine Worte sind die Worte aus dem Prinzip des urewigen Lebens. Was nützt es euch, wenn Ich dies offenbare? Der, der Mich in sich noch nicht gefunden hat, wird immer und immer wieder suchen. Er bildet sich Meinungen,

Theorien, er strebt nach Philosophien – und trotzdem findet er nicht zur Wahrheit. Denn das, was er sucht, ist nicht im Wort zu ergründen, ist nicht in den Gemeinschaften und Konfessionen zu finden. Die Wahrheit ist in ihm selbst.

O mögen noch viele zur Wahrheit gelangen, denn die Urkraft eures und Meines Vaters strahlt immer stärker in diese Welt ein. Sämtliche Bewusstseinsbereiche werden angeregt. Somit gibt es auch viele Offenbarungen und Kundgaben. Wie ihr soeben von Mir hörtet: Sie kommen von oben, aus den Zwischenreichen und von unten, aus der sogenannten ätherischen Chronik, von Menschen, die sich dunklen Mächten verschreiben und auf ihren Nächsten einwirken. O erkennet: Sämtliche Reinigungsebenen kommen in Bewegung, weil die Urkraft die Umwandlung anstrebt.

So werdet ihr immer wieder erleben: Da und dort offenbart sich Christus. Ihr werdet hören, dass „Christusse" im Fleische über die Erde wandeln. „Wo sollen wir suchen", so spricht der Mensch, „was sollen wir glauben?" O, Ich sage zu euch: Glaubet an Mich, gehet den Weg des Lebens!

So wird der Suchende fragen: „Nun, das ist nicht überzeugend, das kann ebenfalls aus den Zwischenreichen oder von unten kommen." Deshalb sage Ich zu euch: Fastet, lasset all eure Meinungen und Vorstellungen los. Gehet in das stille Kämmerlein und befreit euch von eurem menschlichen Denken, von euren Gefühlen und Leidenschaften. Veredelt, ja adelt eure Seele, und bittet um gerechte Führung. O sehet: Dann wird euch die Erleuchtung zuteil werden, und ihr werdet gemäß eurem derzeitigen Bewusstseinsstand dorthin geführt werden, wo ihr durch das Wort des Lebens weiter reifen könnt.

O erkennt Mich als den freien Christus. Ich, der innere himmlische Meister, euer Erlöser, binde euch an keinen Menschen, an keine Gemeinschaft! Ich bitte euch: Fastet, erlernt das rechte Fasten, und ihr könnt geführt werden.

Über siebenmal sieben Kanäle verströmt sich Mein Ich Bin. Diese Kanäle des Geistes sind Lebensstufen, Bewusstseinsbereiche für Meine Kinder. Wer wahrlich fastet, der kann zu einem solchen Lebensbereich geführt werden. Seid ihr dort angelangt, so sprecht nicht: „Hier – hier bleibe ich!" O erkennet: Es ist nur eine Stufe zum weiteren höheren Selbst. Der Weg nach innen ist der wahre christliche Weg. O sehet: Ich möchte euch auf diesen inneren Pfad führen, Ich möchte euch zum hehren hohen Ziel geleiten, zu Gott, eurem und Meinem Vater, zu den himmlischen Wohnungen, die der Ewige für jeden von euch bereithält. Wer jedoch das innere Reich, die Seele, nicht erschließt und vergeistigt, der wird nicht den Weg dorthin finden. Die Seele wird wieder dort sein, wo einst der Mensch war. In den Lasterhöhlen dieser Welt, in den Freudenstätten, dort, wo sich die Rauschgift-

süchtigen trafen, dort, wo über das Maß getrunken wird, dort, wo sich die weiteren Leidenschaften auftun – dort wird deine Seele sein.

O erkennet: Ich möchte euch auf den inneren Schatz ausrichten, auf den inneren Geliebten, auf Gott, euren Vater. Liebe ist das Gebot des Lebens. Wer wahrlich liebt, der wandelt auf der unmittelbaren Straße zur Absolutheit.

Als Jesus von Nazareth wandelte Ich den Pfad der Liebemystik. Dieser Weg ist der unmittelbare. Auf diesem Weg erkennt der Mensch, dass er ein Kind seines himmlischen Vaters ist. Er verspürt, dass nicht die Worte von Bedeutung sind, sondern der tiefe Sinn, der hinter dem Wort verborgen ist. Der Erleuchtete erfasst den Sinn – der Weltmensch haftet am Wort. Wohl dem, der die innere Erleuchtung anstrebt. Er wird ein wahrer Weiser werden, ein Mensch, der erkennt: Des Vaters Kind zu sein, ist das Schönste im ewigen Sein. Er betet den Geliebten an, er weiht Ihm sein ganzes Leben, seine unwesentlichen Worte, seine negativen Gedanken und Empfindungen, all die Sinnlichkeiten und Leidenschaften – er weiht sich dem Geliebten.

O sehet, auf diesen Weg will Ich euch führen. Auf diesem Weg zu eurem Geliebten will Ich euch begleiten, Ich, der Christus, der Geist eurer Seele. Möge auch euer Herz davon profitieren. Denn wenn ihr den Schatz erkannt habt, dann sollte dort auch euer Herz sein. Dann wird nach dieser Erdenwanderung eure Seele im Schoße des Geliebten ruhen. Deshalb, Meine lieben Kinder, was tut not? Ein rechtes Fasten, um den Schatz zu ergründen, um zum Schatz zu finden, zu dem Geliebten, zu Gott, unserem ewigen Vater.

O möge bald euer Herz beim ewigen Geliebten sein, auf dass sich eure Seelen erheben und den Grundgedanken pflegen, der die Liebe zum Ewigen, zu allen Menschen und

Wesen ist. O möge sich euer ganzes Leben auf den Einen ausrichten, der die gesamte Schöpfung durchströmt. Er verströmt sich in den Mineral-, Pflanzen- und Tierreichen.

O kommuniziert mit den heiligen Kräften, und ihr erkennt, dass sich Gott in tausend und abertausend Zungen offenbart – durch den Stein, durch jede Pflanze, durch jedes Tier. Er spricht durch Sonne, Mond und Sterne; das Säuseln des Windes ist Sein Odem. Er offenbart sich in jedem von euch. Jede eurer Bewegungen ist die offenbarende Kraft des allmächtigen Geistes. Jeder Atemzug ist getragen von der göttlichen Liebe.

O sehet, wie nahe ihr Gott, eurem Vater, und Mir, eurem Erlöser, seid. Denn der Vater und Ich, Wir sind eins, ein Geist – und dieser Eine Geist ist in euch wirksam. Dieser Eine Geist verströmt sich in eurem Nächsten und in eurem Übernächsten, in den Naturreichen.

Wohl dem, der wahres Fasten lernt! Der erlebt in sich die Wahrheit und die Liebe. Er wird mit Mir auf dem Pfad der Liebemystik wandeln als Kind des Allerhöchsten. So fastet und wisset, dass Ich euch so nahe Bin. Ihr durftet erkennen, dass Ich euch näher Bin als eure Arme und Beine. O gelangt in die gelobte höhere Schwingung, auf dass ihr den ewigen Geist verspürt. Denn der Vater in Mir und Ich in Ihm ist der Eine Geist, der euch führen, lenken und leiten möchte.

So sucht nicht im Äußeren nach der Wahrheit – kehret in das stille Kämmerlein ein. Ziehet euch von der Welt zurück und fastet so, wie es sein sollte.

Aus der allmächtigen Kraft schenke Ich euch den Segen, den Segen der Himmel. Ich schenke euch im Segen Meinen Frieden, die Liebe des Ewigen. Aus Meinem Segen strömen Kraft, Hilfe und Heilung. Die allmächtig segnende Kraft führt und lenkt euch. Wisset, Ich Bin mitten unter euch!

Wenn Ich auch das Amen spreche, so wisset: Mein Wort und Meine Liebe verhallen nicht. Ich Bin in euch. Mein Friede wirkt in und um euch. So gehet als gesegnete friedvolle Kinder des ewigen Vaters und wisset: Eure himmlischen Wohnungen stehen bereit. Besitzet dieses Reich, das euch von Urbeginn gehört.

Amen.

Fürchtet euch nicht vor dem Tod! Wahrlich, Ich sage euch: Es gibt ein Reich des Lebens, ein ewiges, unzerstörbares Reich. Dieses Reich ist eure wahre Heimat

Der Cherub der göttlichen Weisheit,
Bruder Emanuel,
offenbarte am 18. Juni 1982:

Gott zum Gruß, liebe Geschwister, es offenbart sich Bruder Emanuel.

Liebe Freunde, möge sich in jedem Herzen das Leben auftun, die ewig heilige Kraft Gottes, die sehnsuchtsvoll in diese Erde und zu Seinen Erdenkindern strömt. Diese heilige Kraft ist das ewige Leben. Diese Kraft ist die Fülle, die jeder Seele zuteil wird. Wenige Menschen und Seelen machen von dieser All-Liebe, von dieser heiligen Kraft, Gebrauch, obwohl sie sich tagtäglich, ja, stündlich und minütlich anbietet. So fragt sich der Mensch immer und immer wieder: „Wo ist Gott? Wer ist Gott?" Und: „Gibt es einen himmlischen Vater, der mich liebt?"

Liebe Geschwister, was sprach Jesus von Nazareth? „Mein Reich ist nicht von dieser Welt, Mein Reich ist ein Reich des Geistes und ein Reich des Friedens." Nun wollen wir uns vergegenwärtigen, ob die Menschheit – jeder Einzelne von euch – immer und immer wieder spricht: „Mein Reich ist nicht von dieser Welt, mein Reich ist ein Reich des Geistes und ein Reich des Friedens."

O erkennet: Würde der Einzelne dieses innere Reich, das Reich des Friedens, herbeisehnen, so wäre der Tod überwunden. Das Sterben wäre zur rechten Zeit die Freude, denn der Mensch weiß: „Nur meine äußere Hülle stirbt, jedoch das Innerste, mein ewiges Wesen, macht sich nun auf, um in das Reich des Geistes einzugehen, in das Leben, das mich schuf und von dort ich ausging."

„Sterben" und „Tod" sind Gedanken und Worte, die der Mensch meidet. Dieses Thema umgeht er, denn er fürchtet sich vor dem Sterben, vor dem Tod. So frage ich: Weshalb fürchtet sich der Einzelne vor dem Tod? Habt ihr, die ihr schon so viel vom Leben des Geistes gehört habt, die Furcht vor dem Tod überwunden? Weshalb liegt er für viele im Dunkeln? Weil der Mensch keine Sehnsucht nach Gott hat, weil er sich nicht dem inneren Reich zuwendet und die Gesetze dieses inneren Reiches nicht befolgen möchte. Er wendet sich der Materie zu, obwohl er immer wieder hört: Das Reich Gottes ist inwendig in euch.

Liebe Geschwister, um die rechte Sehnsucht nach Gott, unserem ewigen Vater, zu erlangen, sollte der Mensch die Gesetze des Heils leben. Ihr werdet sagen: „Wer lehrte uns die detaillierten Gesetze des Lebens, und wer führte uns auf diesen Weg, auf dass wir dem Sterben freudig ins Antlitz blicken, auf dass der Tod unser Bruder ist?"

Jesus, der Christus, lehrte die Gesetze, Jesus von Nazareth lebte der Menschheit ein Leben nach diesen himmlischen Gesetzen vor. Sein Ruf erschallte zu allen Zeiten. Er lautet: „Folget Mir nach!" Worin besteht die Nachfolge Jesu Christi? Im Zeitlichen, im Materiellen, im Sinnen und Trachten nach Ansehen, Reichtum und Ruhm?

Die Nachfolge Jesu haben wenige erkannt, und sehr wenige machten sich auf den Weg, um Jesus nachzufolgen. Und die, die Jesus von Nazareth nachfolgten, wurden zu allen Zeiten verhöhnt und verspottet. Sie wurden belächelt, weil sie das innere Reich mehr liebten als diese Welt. So erschallte der Ruf des Christus auch im Mittelalter: „Folget Mir nach!" Und gerade im Mittelalter standen viele selige Geister auf, die sich inkarnierten und die Nachfolge Jesu beschritten, die Gesetze des Lebens lehrten und die Menschheit im Sinne des Heils unterweisen wollten. Die Menschheit jedoch hörte mehr auf jene, die das irdische Leben dem Leben im Geiste vorzogen. Diese Machthaber hatten Macht über die Masse, und die Masse stürzte sich auf jene, die das Heil der Himmel verkündeten.

Liebe Freunde, so wurde Gott nur für kurze Zeit zum Schweigen gebracht, denn Gott, die ewige Energie, die nicht die Sprache der Menschen besitzt, benötigt Instrumente, um sich offenbaren zu können. Gott, der Allmächtige, lässt sich jedoch das Wort nicht verbieten. Er versucht aufs Neue, Seine Kinder zu rufen, Seine Liebe in diese Welt zu strahlen und mit dieser Liebe Seine Sehnsucht. Die Sehnsucht des ewigen Vaters ruft erneut durch Christus, Seinen Sohn: „Folget Mir nach!"

Die Zeit ist gekommen, liebe Freunde, wo sich wieder viele Menschenkinder aufmachen, um den Weg des Heils zu beschreiten. Auch unter euch sind einige, die diesen inneren Pfad wandeln. Und Ich darf aussprechen: Sie sind beglückt und freudig, denn sie haben erkannt: Das Sterben ist nichts anderes als das Ablegen des menschlichen Ichs. Der Tod ist ihnen ein Bruder, den sie zur rechten Zeit begrüßen. Diese Menschen werden aufs Neue verhöhnt und verspottet, weil die Masse der Menschen, die sich nach außen orientiert, die in den begrenzenden Dogmen lebt, die Kräfte des Heils nicht verspürt und so aus sich selbst spricht.

Der Tod ist wahrlich für den ein Bruder, der tagtäglich mehr „stirbt", das heißt, der seine Sinne verwandelt, auf dass sich die Seele reinigt und der innere Adel des himmlischen Wesens hervortritt. Ihr alle, die ihr den Weg nach innen beschreitet – die ihr immer wieder sprechen werdet: „Mein Reich ist wahrlich nicht von dieser Welt, ich habe diese Welt schon verlassen, mein Sinnen und Trachten richtet sich mehr und mehr auf den Allmächtigen aus" –, seid es, die verhöhnt und verspottet werdet, denen Übles nachgesagt wird, weil der Zeitgeist, der die Masse beherrscht, diese geistigen Qualitäten nicht verspüren und somit auch nicht erfassen kann.

Wer also dem Tod freudig ins Antlitz sieht, der fühlt sich schon in den Armen des Allmächtigen. Liebe Geschwister, es gibt nichts Dunkles – außer die dunklen Gedanken der Menschen, die die Seele umhüllen und diese an die Materie binden. Es gibt nichts Dunkles, außer die negativen Taten, die sich in die Seele eingravieren und einst offenbar werden. Hütet euch vor diesen dunklen Gedanken und Taten. Entwickelt lichte, freudige Gedanken, dann werdet ihr die Sehnsucht des Allmächtigen verspüren, den Odem des himmlischen Vaters, der euch jeden Augenblick beatmet.

Wer wahrlich die Gesetze des Heils erfüllt, der fühlt den Geist um und in sich. Er schaut in sich die ewige Wahrheit und weiß sich in Gottes Hand geborgen.

Ich möchte diese Welt am „Vaterunser" messen.

Christus oder Spiritismus? Beiden könnt ihr nicht dienen. Ich gebe euch die Kräfte – die Seelen nehmen euch die göttliche Energie.

Christus,
der Sohn Gottes und Mitregent des Reiches Gottes,
offenbarte am 10. Oktober 1982 in Alicante, Spanien:

Ich Bin, der Ich Bin in Gott, eurem und Meinem Vater, der Christus. Eure Sprache ist nicht Meine Sprache, und Mein Wort ist nicht euer Wort. Eure Gedanken sind nicht Meine Empfindungen, und Meine Empfindungen sind nicht eure Gedanken. Deshalb bedarf es eines Instrumentes, eines Künders, eines Propheten. Ich Bin das Leben. Dieses Leben ist der sich offenbarende Christus: Ich Bin.

In dieser Stunde will Ich Meine Impulse setzen, auf dass ihr Mich in euch erkennt. Ich möchte diese Welt am „Vaterunser" messen. Nur einige Worte aus diesem Gebet:

Vater unser, der Du bist im Himmel,
geheiligt werde Dein Name,
Dein Reich komme, Dein Wille geschehe.

Meine Kinder, denkt weise über diese Worte des „Vaterunser" nach.

Was ihr im „Vaterunser" betet – erfüllt es sich in dieser Welt?

Fühlt ihr euren Vater, die Kraft Seines Lebens in euch?

Wo ist der Geist des Lebens – in euch oder außerhalb eures Bewusstseins?

Wo ist das wahre himmlische Reich – in oder außerhalb eures Bewusstseins?

Geheiligt werde Sein Name – heiligt die Welt den Namen Gottes?

„Dein Reich komme." Ich frage Meine Kinder: Kann das Reich Gottes in diese Welt kommen?

Ich frage Meine Kinder: Wo befindet sich das Reich des Inneren? Außerhalb deines Bewusstseins, in dieser Welt – oder in dir, in deiner Seele?

Ihr betet: „Herr, Dein Wille geschehe." Ich frage Meine Kinder: Geschieht der Wille Gottes in dieser Welt?

Wenn ihr den tiefen Sinn dieses heiligen Gebetes nicht versteht und auch nicht verwirklicht, wie kann Gott, die allmächtige Kraft, in dieser Welt wirksam werden? Gott, das ewige Licht in Mir, dem Christus, will in euch bewusst wohnen. Ich, das ewige Licht, möchte durch euch wirken und in diese Welt das Licht des Lebens bringen. Wer jedoch die Gesetze dieses Reiches nicht verwirklicht, der kann auch nicht die Kraft und Liebe dieses Reiches dieser Welt bringen.

So fragen sich viele: „Wann ist der Weltuntergang?" Ihr müsst entscheiden: für Gott oder gegen Gott. Dann werdet ihr den Unterschied zwischen Welt und Erde erkennen. Die Welt ist der Mensch und des Menschen Einrichtung, die Welt ist also die Masse Meiner Kinder. Die Erde ist der Planet, der Wohnplanet Meiner Kinder. Was wird also untergehen – die Menschheit und ihre Einrichtungen oder die Erde?

All das wird vergehen, was zeitlich bedingt ist. Wahrlich, Ich sage euch: Der Weltuntergang steht bevor, nicht die Zerstörung, nicht der Untergang der Erde und des Sonnensystems. Blicket in diese Welt, blicket in eure Herzen. Lebt die Masse Meiner Kinder das Gebot aller Gebote – die Liebe? Ist ihr Wort Mein Wort? Sind ihre Gedanken Meine Empfindungen? Da Meine Kinder nicht eins mit Mir, dem Christus, sind, wird diese Welt nicht bestehen. Sie kann auch nicht umgewandelt und in höhere Zonen gehoben werden. Erhoben kann nur der Mensch und die Seele werden, die das Gesetz des Heils erfüllen. Da aber die Masse Meiner Kinder das Gesetz der

Gesetze, die Liebe, nicht erfüllt, werden Zerstörung und Untergang herrschen. Verspürt ihr, wie die zerstörenden Vibrationen immer stärker werden? Blicket in diese Welt und erkennt: Hass, Neid, Mord, Feindschaft und Zerstörung.

O erkennet: Ist es Gott, die allmächtige Liebe, die den Weltuntergang hervorruft, oder ist es der Mensch, jeder Einzelne? Wie kann diese Welt gesunden, wenn der Christ das Gebet der Einheit nur betet und an sich nicht verwirklicht? Wann ist der Weltuntergang? Ich, der Christus, sage euch: Es liegt in Gottes Händen, in der großen allmächtigen Kraft. Nur der geliebte Vater weiß darum. Der Sohn erfüllt Seine Werke. Die Zeichen des Weltuntergangs sind jedoch gesetzt. Der große Wille Gottes strahlt in die Herzen der Menschen ein und berührt auch diese Erde. Wer sich von diesem ewigen Licht Gottes, dem Willen, nicht für das Leben vorbereiten lässt, der wird wahrlich den Weltuntergang erleben. Es muss nicht im Erdenkleid sein, es kann auch als Seele geschehen. Deshalb sehet euch vor. Wer die Gesetze des Allmächtigen nicht verwirklicht, der bleibt als Seele an die Erdatmosphäre gebunden.

Wahrlich, Ich sage euch: Dem Menschen nützt es nichts, wenn er erdgebundene Seelen befragt, wenn ihr in Zirkeln zusammenkommt und mit den Erdgebundenen Zwiesprache haltet. Die erdgebundenen Seelen können euch nicht in das Lichtreich, in das Reich des Lebens führen. Diese Erdgebundenen haften auch an der Erdatmosphäre und werden die Umwandlung erleben, denn die Atmosphäre muss sich reinigen. Das geht über die Erde, über die Reinigung des materiellen Seins. Deshalb wird die Materie vergehen – das Innerste, das Wahre, das Feinstoffliche, wird erhoben. So wird diese Erde und das gesamte Sonnensystem der Umwandlung anheimfallen. Das Materielle wird sich schichtweise lösen und von der ewigen Kraft in Aktion gebracht werden. Das Feinstoffliche dieser Erde wird in höhere Regionen geführt werden. Wehe den Menschen und Seelen, die diese Umwandlung erleben! Das heißt: Wehe euch allen, die ihr noch am Erdbereich, in der Erdatmosphäre, haftet. Deshalb machet euch auf und erkennet euren Weg. Im „Vaterunser" liegt der Pfad nach innen begründet.

„Vater unser, der Du bist im Himmel,
geheiligt werde Dein Name,
Dein Reich komme, Dein Wille geschehe."

Das Reich Gottes ist inwendig in euch. Dieses innere Reich kann nur durch die Liebe zum ewigen Vater erschlossen werden. Dazu gehört ein reiner, edler Wille, eine gute, göttliche Gesinnung. All eure Vorstellungen, all eure Zirkel, all die Befragungen der Seelen führen euch nicht auf diesen Pfad.

Nur der Eine ist der Weg, die Wahrheit und das Leben: Ich, der sich offenbarende Christus.

Als Jesus von Nazareth sprach Ich nicht: Gründet Zirkel und befragt die Seelen. Ich sprach nicht: Schafft euch mehrere Hirten und folgt diesen nach. Ich sprach: „Kommet alle zu Mir her, die ihr mühselig und beladen seid; Ich, der Herr, will euch erquicken." Diese Worte gelten auch heute.

So frage Ich dich, Mein Kind, dich, dich und dich: Gehst du den Weg des Christus? Erfüllst du die Worte des „Vaterunser"? Wanderst du hinein zu deinem Innengott, der in dir wohnt? Erschließt du das innere Reich durch edle, positive Empfindungen, Gedanken, Worte und Werke? Oder glaubst du, das Heil in der Befragung von Seelen zu finden? Wisse, dass sie dir nur Kraft entziehen, die du für den Aufstieg ins Leben benötigst. Deshalb lehne Ich jeglichen Spiritismus ab. Ich lehrte ihn nicht als Jesus von Nazareth, Ich lehre und befürworte ihn auch nicht als Christus.

Meine Worte gelten auch heute noch: Kommet alle zu Mir her, denn Ich Bin der Weg, die Wahrheit und das Leben. Ich Bin der

Hirte, der euch führen und beleben möchte. Nur die, die reinen Herzens sind, könnten in dieser Welt viele Zeichen setzen.

Erneut melde Ich Mich auch als Fischer und zugleich Erlöser. Denn aus dem Weltenmeer menschlichen Ichs will Ich Meine Kinder herausfischen, heimholen zum Reiche des Lebens. Das ist Mein Weg, das ist Mein Leben für euch alle. Der Untergang dieser Welt ist nicht mehr aufzuhalten, aber errettet werden könnten noch viele Meiner Kinder, denn in jedem von euch brennt das Licht, das Licht Meines Geistes.

In dir, in dir, in dir und auch in dir brennt Mein heiliges Licht. Nur wer es durch die Kraft des Lebens, durch die Verwirklichung der Gesetze verstärkt, der wird in Wahrheit leben. Es nützt euch allen wenig, wenn ihr glaubt, im Äußeren das Heil zu finden. Es nützt euch wenig, wenn ihr euch mehr oder weniger gegen Meine offenbarenden Worte auflehnt. Das zeugt nur von einer unerwach-

ten und unerfüllten Seele, die rebelliert und sich nicht vom Geiste des Heils erfüllen lassen möchte, die gerne im Schlafe dieser Welt, im Schlafe dieses Seins leben und wirken möchte. Ich aber Bin gekommen, euch nicht weiterhin „einzuschläfern", sondern euch für Mich, den Christus, zu erwecken. Ich Bin gekommen, all die wachen Seelen aus den Zirkeln herauszuführen auf den Pfad des Christus, auf dass sie den Geist der Wahrheit und des Lebens erleben und nicht die Dumpfheit von sich offenbarenden Seelen. Denn dumpf und stumpf sind manche dieser Schwingungen, die auch aus euren Mauern herausschwingen und die Atmosphäre verdichten. Das alles wird aufgelöst werden. Alles, was die Welt, der Mensch, geschaffen hat, wird vergehen. Doch Meine Liebe wird ewig bestehen, die Liebe des Vaters in Mir, dem Christus.

Des Vaters Wille wäre, dass sich die Menschheit zum Lichte erhebe. Wären die Menschen bewusste Kinder Gottes, so würde die Erde im Lichterglanz der Liebe erstehen, und die Umwandlung aus dem Geiste würde ein Emporheben des gesamten Sonnensystems sein. Da es aber nicht so ist, weil die Masse Meiner Kinder nicht die Gesetze erfüllt, wird diese Welt vergehen.

Willst du, du, du oder du in eine neue Welt, in eine lichtere Welt eingehen, so bringe Licht in deine Seele! Denn nur das Licht des Christus erhebt und trägt die Seele in lichtere Zonen. So ist der Weg des Christus angezeigt. Im Wort des Nazareners steht er begründet: „Ich Bin der Weg, die Wahrheit und das Leben, keiner kommt zum Vater denn durch Mich. Kommet alle zu Mir her, die ihr mühselig und beladen seid, Ich, der Geist des Christus, will euch erquicken." Ich sprach also nicht: Gehet zu Seelen, befragt diese, sondern Ich sagte: „Kommet alle zu Mir her, die ihr mühselig und beladen seid." Der Weg ist der Weg des Christus, er ist im „Vaterunser" begründet.

Wer also nicht den Pfad des Nazareners wandelt, der kann auch von Christus, vom Geist des Inneren, nicht erhoben und hingeführt werden zu den Wohnungen des Lebens. Auch eurem Land, auch dieser Stadt biete Ich den inneren Pfad, den Pfad zum Leben, an. Über den meditativen Weg führe Ich euch zu den inneren Bereichen, zu dem Reiche des Inneren. Wohl den Menschen und Seelen, die diesen Weg wandeln – sie werden wahre Diener des Lebens. Sie werden nicht mehr im Zeitlichen nach der Wahrheit suchen, sondern sie werden die Wahrheit im Inneren erkennen und verspüren und in Gott, ihrem Vater, geborgen sein.

Jeder von euch kann Gott, die allmächtige Kraft, in sich erleben. Das ist jedem gegeben durch Mich, den Christus. Deshalb tut die Ausrichtung auf das Prinzip des Christus not. Durch die meditativen Kräfte findet diese Ausrichtung auf Mich, den Christus, statt. Wohl dem, der den Weg der Veredelung beschreitet – er wird das Edelste finden: die Kraft des Geistes.

So überlegt sehr wohl: Christus oder diese Welt? Christus oder die Befragung von Seelen? Das heißt: Christus oder Spiritismus? Beiden könnt ihr nicht dienen. Ich gebe euch die Kräfte – die Seelen nehmen euch die göttliche Energie. Durch Mich findet der Aufstieg der Seele statt. Die Erdgebundenen jedoch, die eure Seelen festhalten, werden mit euch wohnen und leben.

Meine Liebe strahlt verstärkt in diese Welt. Die Liebe des Ewigen berührt all eure Herzen und will sie mit dem ewigen Heil der Himmel erfüllen. Möge euch Mein Segen die innere Erfüllung und die Bereicherung eurer Seelen bringen, denn Ich Bin der Herr in Gott, eurem und Meinem Vater, von Ewigkeit zu Ewigkeit. Diese Ewigkeit ist euer Leben, diese Ewigkeit ist euer Heil. Deshalb erhebt euch aus dem Zeitlichen in die Ewigkeit, und ihr werdet die euch innewohnende Fülle erleben. Ihr werdet als bewusst gesegnete Kinder Gottes diesen Raum verlassen. Der Willige wird Mich in sich erfühlen und erkennen. Der Unwillige wird weiterhin in dieser Welt suchen. Er wird so lange suchen, bis er den von Mir angebotenen inneren Pfad beschreitet. Dann wird er den Frieden finden und die Wahrheit erkennen, die Wahrheit, die in ihm selbst begründet ist.

Wenn ihr nun das Gebet der Einheit betet, so denkt weise darüber nach, denn im „Vaterunser“ erkennt ihr den Pfad nach innen, den Pfad zum Reiche des Inneren.

Mein Segen und Mein Friede bleiben in euch.

Amen.

Stirb, o Mensch, und werde – denn „Sterben" bedeutet nicht den Tod.

Christus,
der Sohn Gottes und Mitregent des Reiches Gottes,
offenbarte am 24. Oktober 1982 in Wien:

Das Prophetische Wort ist der Geist Gottes im Menschen. Es ist die Kraft Christi, die sich im Wort offenbart.

Meinen Frieden und Meine Liebe bringe Ich dem Volk dieser Erde und allen Seelen in den Stätten der Reinigung.

Wer sein Herz zu Mir, dem Christus, erhoben hat, der fühlt in dieser geheiligten Stunde, dass Ich die Wahrheit und das Leben Bin. Er erkennt jeden Augenblick in seinem Leben, dass nur der Mensch, das niedere Ich, sterben muss, um die Ganzheit, das Leben, zu gewinnen. Stirb, o Mensch, auf dass das ewige „Es werde“ Gottes, der Wille deines Vaters, in dir Gestalt annehmen kann! Denn nur der, der die Materie über alles liebt, fühlt den Tod. Wer jedoch in Mir lebt und das Gesetz der Himmel erfüllt, der weiß: Im Geiste gibt es keinen Tod! Der Geist ist beständige Evolution. Wer sich auf den Weg der Evolution begibt, der „stirbt“ täglich mehr – in ihm erwache Ich, der Geist Christi.

Sterben bedeutet nicht Tod! Sterben bedeutet, sein Ich aufgeben, auf dass das Ich Bin, die allumfassende Kraft Gottes, wirksam werden kann.

Solange sich der Mensch nur im Zeitlichen, im Materiellen, bewegt, fühlt er täglich mehr den Tod. Er glaubt an ihn und erfährt so nicht das Leben. Im geistigen Tod kann der Mensch, das kleinliche Ich, nicht sterben. Nur in der Hingabe an das Leben stirbt der Mensch, und das Innere, die Seele, das ewig-kosmische Gut, erwacht zu neuem, dynamischen Leben.

Euer Weg ist Mein Weg, und Mein Weg ist euer Weg; denn keiner kommt umhin, auf den Nazarener zu blicken, der der Menschheit den Weg zum Vater wies: Ich, der Christus, einst in Jesus von Nazareth.

So erwachet, ihr Seelen, und erkennt, dass ihr den Tod überwinden müsst, auf dass Ich in euch auferstehen kann! O ihr Menschen, erkennt, dass in euch der ewige Geist und die ewige Seele wohnen! Beachtet euer Leben, überdenkt dieses und lasst das Ich, die niedrigen Triebe und Leidenschaften, sterben, auf dass sich die Allheit, die Gottheit, offenbaren kann!

In jedem von euch wirkt der Geist – in einem mehr, im anderen weniger, je nach Belastung der Seele. Der eine fühlt sich krank und schwach, der andere gesund und frisch; wieder ein anderer klagt über sein Schicksal, über seine Leiden und Nöte. Die wenigsten Meiner Kinder fragen: „Woher kommen all diese Schicksalsschläge? Weshalb bin ich krank, mit Sorgen und Nöten behaftet?"

O erkennet: Jeder von euch besitzt den karmischen Lebensbaum. Die Wurzel dieses Baumes befindet sich in der Seele; von dort aus strömt das karmische Leben aus und kommt im Körper zum Tragen. So werdet ihr euch fragen: „Wie kommen diese Belastungen in meine Seele?" Wenige Meiner Kinder wissen, dass die Seele einige Male das Erdenleben durchwandert, diese Erde im Zeitlichen betrachtet und sich auf dieser Erde im Körper immer und immer wieder belastet. Diese Belastungen nimmt der physische Leib nicht mit in die Erde, sondern diese Belastungen dringen in die Partikel der Seele ein, sofern diese nicht gesühnt werden.

Im Wechsel gesetzmäßigen Geschehens begibt sich sodann die Seele in ein weiteres Erdenkleid und nimmt das, was sie in den Vorleben aufnahm, mit in diese zeitbedingte Form. Die in der Seele wirkende Seelenschuld dämmert sodann nach ehernen Gesetzen nach und nach in die Seele ein, das heißt, diese Schwingungen wirken im physischen Leib und versuchen, das, was die Seele trägt, zur Offenbarung zu bringen. Dann zeigen sich Krankheiten, Nöte und Schicksalsschläge; der Mensch wird von Sorgen und Plagen heimgesucht und fragt sich immer und immer wieder: „Warum muss ich leiden? Weshalb wird mir dies oder jenes auferlegt?"

Würden Meine Kinder um diesen karmischen Baum des Lebens wissen, so würde so mancher Mensch sein Karma, seine Seelenschuld, dankbar tragen. Er erkennt sodann, dass ein Zweig am Baum des Karmas langsam aber sicher vom Stamm abgetrennt wird und die Seele sich lichtet.

Da aber viele Meiner Kinder um diese karmischen Geschehen wenig wissen, so schaffen sie während des Ausfließens der Seelenschuld schon wieder ein weiteres Karma. Sie beklagen sich, sie jammern; unüberlegt nehmen sie verschiedene Wirkstoffe und drängen unter Umständen das Karma wieder in die Seele zurück.

O erkennet: In jedem von euch wirkt der Geist – Ich, das Leben! In jedem von euch versucht das Leben, die Seele zu reinigen, denn die Seele soll zum ewigen Bewusstsein, zum Bewusstsein eures Vaters, erhoben werden durch Mich, den Christus.

Die Liebe zu Gott, eurem ewigen Vater, ist in euch die siegende Kraft. Sie ist es, die alles offenbar werden lässt, auf dass ihr euch selbst erkennt, Buße tut und so von eurer Seelenschuld die Befreiung findet. Je mehr der Mensch seinen Vater liebt und das Gebot der Nächstenliebe beherzigt, umso edler wird die Seele, umso reiner das Gemüt.

Dieser karmische Baum sollte in eurem derzeitigen Leben vollkommen aufgelöst werden. Das Zeitliche gibt euch die Möglichkeit, da im Zeitlichen die Gnade des Allmächtigen verstärkt wirksam ist.

O erkennet in diesem einfachen Gleichnis, das Ich euch geben möchte, euren karmischen Baum: Im Herbst welken die Blätter dahin, der Baum schüttelt nach und nach ein Blatt nach dem anderen ab, der Wind trägt erheblich dazu bei und fegt die Blätter hinweg; er reinigt die Atmosphäre. Ähnlich ist es mit eurem karmischen Baum; die vielen Blätter bilden eure Seelenschuld.

Je mehr ihr euch dem göttlichen Leben zuwendet und in eurem Schicksal auch das Walten des gütigen Lebens erkennt, umso mehr wird ein Blatt nach dem anderen fallen. Dabei lösen sich die Äste und Zweige auf, und der karmische Baum verschwindet. Die gereinigte Seele geht in das Bewusstsein des Ewigen über und schaut ihren Vater von Angesicht zu Angesicht. Dieses kosmische Leben ist euer Leben, denn euer ganzes Sein wurzelt im Bewusstsein des ewigen Vaters. Und euer Vater, der auch Mein Vater ist, ist das Leben. Wo ist der Tod? Doch nur im Bewusstsein jedes Einzelnen, in dem, der das Leben, die innere Kraft, noch nicht erfahren hat. Deshalb stirb, o Mensch, auf dass du in dir das Leben erfährst! Dann bist du kein geistig

Toter mehr, sondern du erlebst die Auferstehung und das Leben in Mir, dem Christus. Denn in dir, o Mensch, in jedem Einzelnen von euch möchte Ich auferstehen. Mit euch möchte Ich den Tod überwinden, die Anschauung derer, die in der Umnachtung, im geistigen Tod, leben.

Im Gesetz eures ewigen Vaters gibt es nicht den Tod, nur das Sterben, das heißt: Das menschliche Ich, alles, was in diesem irdisch-menschlichen Ich wurzelt, muss ausgerottet werden, auf dass die Seele wieder vollkommen das Gesetz des Lebens ist.

Gott, euer Vater, ist die Liebe! Ich, Sein Sohn, der sich offenbarende Christus, Bin die Liebe und Barmherzigkeit! Mit diesen Kräften der Liebe und Barmherzigkeit ausgestattet, nahm Ich Fleisch an, wurde Mensch, um euch ein Leben in und mit Gott zu zeigen. So blickt nicht auf diesen oder jenen Menschen! Blickt auf den Nazarener, der euch die Bergpredigt darlegte! Verwirklicht diese Darlegung des Lebens – und das menschlich

Ich wird sterben, und ihr werdet das innere Leben, die dynamische Kraft, das „Es werde" gewinnen.

Stirb und werde, o Mensch, auf dass du deinen ewigen Vater von Angesicht zu Angesicht schauen kannst! Selig sind jene, die in sich das ewige Leben erfahren haben. Sie sind fern von der Anschauung des Todes. In ihnen wurzelt nicht mehr die Furcht vor etwas, das im Lichte und im Leben Gottes nicht existiert. O tretet heraus und fühlt euch in der Existenz des Allmächtigen geborgen! Gehet den Weg des Lebens. Befreit euch von allen Meinungen, von den Anschauungen des Todes, und ihr werdet in Mir, dem Christus, leben.

Gott ist Leben. Überall, wo ihr hinblickt, ist Leben! Alles ist in der Evolution begriffen; denn das große „Es werde" nimmt nicht nur Gestalt in der Seele an, sondern auch Form in jenen Menschen, die sich dem Ewigen zuwenden. Sie fühlen wahrlich die Seligkeit, die Neugeburt durch den Geist des Vaters in Mir, dem Christus.

Ich rufe euch durch Mein Instrument zu: Ich Bin das Leben! Blicket auf Mich, den Christus, auf den Geist des Inneren, und ihr werdet in Mir und durch Mich leben. Meidet die Anschauung des Todes – blickt auf Mich! Furcht und Ängste werden weichen, weil ihr das Leben erkennt.

So werdet ihr fragen: „Wer hat uns unterwiesen, und wer unterweist uns im gesetzmäßigen und erfüllten Leben?" Es ist der Christus in euch, in jedem Einzelnen von euch, der durch euch die Werke des Heils vollbringen möchte – Ich, der Christus. Kein Mensch vollbringt die Werke. Nicht der Intellekt wird die Werke vollbringen, sondern der Christus, das auferstandene Heil der Seele. Wer Mich in sich auferstehen lässt, durch den werde Ich die Werke tun. Er wird in diese Welt Seligkeit, Frieden und Einheit bringen. Der Intellekt jedoch, auch wenn er glaubt, die Sprache der Bibel zu sprechen, wird euch mehr und mehr in den geistigen Tod führen, denn eine erstarrte, äußere Macht, die sich

„christlich" nennt, hat der Menschheit nicht den Frieden gebracht.

Auch eure Bibel bringt euch nicht den Frieden, so ihr nur am Buchstaben haftet. Das in der Bibel zum Teil noch vorhandene göttliche Wort muss verwirklicht werden, dann erst erhebt sich die Seele zum Leben, und die Furcht vor dem Tod fällt von ihr. Sterben bedeutet wahrlich nicht Tod. Ich Bin das Leben! Und wer an Mich glaubt und die Gesetze des Lebens befolgt, der wird auch leben.

Der Seele ist die Kraft durch die Macht des Christus gegeben, dass sie alle Begrenzung, jede Seelenschuld ablegen kann. Mehrere Schichten der Seele bestehen aus gegensätzlichen Schwingungen. Diese Schwingungen dämmern auf mannigfache Art und Weise in das Bewusstsein des Menschen. So werdet ihr fragen: „Wenn ich dies oder jenes Leiden habe, so habe ich in meinen Vorleben das oder jenes verursacht?" O erkennet: Aus den mehreren Schichten karmischen Lebens dämmern die verschiedenartigen Schwingungen empor und kommen im Bewusstsein des Menschen zum Tragen. Aus den verschiedenen Schichten strömen karmische Kräfte empor und werden in euch wirksam. Wer das erkennt, wer sein Schicksal trägt, bewusst und dankbar trägt, wahrlich, der „stirbt". Dadurch reinigt sich der karmische Lebensbaum, und die Äste und Zweige verschwinden durch die Kraft des Geistes.

So, wie eine Blume im Herbst nicht von einer Stunde auf die andere dahinwelkt, so wird auch euer Schicksal nicht von einer zur anderen Stunde genommen werden. Ihr dürft euch in euren Leiden, in euren Schicksalsschlägen selbst erkennen. Mit all diesen Mängeln behaftet, dürft ihr zu Mir kommen, sie auf den Altar der Liebe legen, und sie werden euch nach und nach genommen durch Mich, den Christus.

Ein christlich-mystisches Sein heißt: Im Schweigen stirbt der Mensch, im Schweigen erwacht er zur Geistigkeit.

Nun, Meine Kinder, blickt in diese Welt. Schweigt der Mensch? Laut ist diese Welt, weil der Einzelne laut ist. Die Masse möchte sich darstellen, jeder möchte etwas sein – nur kein Kind des Allmächtigen. Das Kind des Allmächtigen erwacht im Schweigen des Menschen – nicht nur, indem der Mensch die Lippen verschließt, sondern auch in Empfindungen, Gedanken und Worten das Schweigen lernt. Wenn er seine Probleme Dem übergibt, der das große Schweigen ist, wenn er seine Leidenschaften und niederen Triebe Dem übergibt, der das Schweigen ist, wenn er all seine Sorgen und Kümmernisse Dem übergibt, der der Altar der Liebe ist, dann dämmert im Menschen das kosmische Leben herauf: Gott, das Schweigen.

Wenn der Mensch schweigt, das heißt, wenn er sich veredelt hat, wenn alle Laster und Begierden von ihm gefallen sind, dann redet Gott in ihm; dann ist der Mensch, das kleine Ich, gestorben – die Seele ist zum Leben erwacht, zur geistig ewigen Kraft.

O Meine Kinder, lasst euch die Furcht vor dem Tod nehmen! In der ganzen Unendlichkeit gibt es nicht diese niedere Schwingung, die Furcht, den Tod. Lasst diese Vorstellungen fahren und erkennt: Nur die Zellstruktur welkt dahin – das Ewige ist das Leben! Es ist die Seele, die sich zum kosmischen Kind erheben möchte.

In dieser Stunde möchte Ich nicht auf die Details eingehen, indem Ich euch erörtere, wer die Schuld an der Unwissenheit Meiner Kinder trägt. Ich möchte euch nur erinnern an das Leben Jesu, auch an das Urchristentum, das die Wiedergeburtslehre, die Lehre von der Wiederkehr in das Fleisch, besaß; denn Ich lehrte sie die Meinen, und Ich lehrte sie zu allen Zeiten, und Ich lehre sie auch heute – einerlei, was so manche Theologen und Bibelkundige glauben. Die Wahrheit ist der Christus, und wer die Wahrheit liebt, der lebt nach den Gesetzen, und wer die Gesetze des Heils verwirklicht, der erlebt auch in sich den karmischen Baum. Er weiß, dass nichts von ungefähr kommt, sondern alles in der großen Ordnung des Lebens beinhaltet ist.

So blickt auf euer Zeitliches. Woran glaubt ihr? Woran haftet ihr? Welche Aussagen nehmt ihr als Realität? Fühlt ihr, dass diese Aussagen, die ihr von Menschen hört, die Wahrheit sind? Ihr tappt im Dunkeln und fragt: „Was ist die Wahrheit? Was ist das Leben?"

Wahrlich, wer nicht in Mir, dem Christus, bewusst aufersteht, der wird immer und immer wieder nach der Wahrheit fragen. Die Wahrheit ist nicht im geistigen Tod zu finden. Die Wahrheit werdet ihr auch nicht in der Theologie finden. Die Wahrheit werdet ihr auch nicht in euren Steinkirchen finden, und kein Priester wird euch die Wahrheit des Geistes beweisen können. Auch Ich kann euch hier im Wort die Wahrheit des Lebens nicht beweisen, denn die Wahrheit, dass es ein ewiges Leben gibt und dass ihr Kinder dieses ewigen Lebens seid, ist ausschließlich in euch selbst. Und diese Wahrheit, die in euch wirkt,

Ich, der Christus, muss von jedem Einzelnen erschlossen werden durch ein entsprechendes, das heißt bewusstes, gesetzmäßiges, geistiges Leben.

Zweifel, Meinungsverschiedenheiten, theologische Darlegungen, Bibelaussagen und vieles mehr umkreisen und umwölken das Gehirn der Meinen. Der Mensch sucht; er geht da- und dorthin, nimmt diese und jene Meinung wahr – und trotzdem ist er nicht zufrieden. Die Furcht vor dem Tod dämmert in das Bewusstsein, und er fragt sich: „Wo ist der Christus? Ist er in diesen theologischen Anschauungen zu finden, in diesem Bibeltext, in diesen Meinungen, in dieser oder jener Konfession?"

Solange ihr fragt, steht ihr immer noch in der Furcht vor dem Tod. Wer aber den Weg zum Leben wandelt, der wird schon im Zeitlichen leben. Er wird die Seligkeit und das Heil verspüren, denn Ich Bin in ihm die Seligkeit und das Heil. Er geht zur gegebenen Zeit freudig und dankbar durch das Tor zum Leben. Er wird sich zur gegebenen Zeit dankbar und freudig auf das sogenannte Totenbett legen. Für ihn ist das Totenbett das Tor zur Freiheit, denn er verspürt: „Dieses sogenannte Totenbett ist wahrlich die Entbindung meiner Seele aus der Einengung des menschlichen Körpers." Er legt sich nieder und weiß: „Nun erfolgt die Entbindung, und ich erlebe den Heimgang zu Gott, meinem ewigen Vater."

Diese Tatsache ist das Leben, und dieses Leben offenbarte Ich zu allen Zeiten. Immer und immer wieder versuchte Ich, den Meinen die Furcht vor dem Tod zu nehmen; ja, schon Meine Auferstehung zeigte den Menschen: Es gibt nicht das Grab; es gibt nicht den Tod, sondern für alle, die in sich das Leben bewusst entwickelt haben, die Auferstehung und das Leben.

Wer hat Meine Lehre zunichte gemacht? Ich will hier nicht im Einzelnen darauf eingehen. Diese Frage stelle Ich in diesen Raum, und jeder möge sie selbst beantworten. War-

um ist ein großer Teil Meiner Kinder so unwissend? Weshalb klagen sie Gott an, wenn sie Nöte, Krankheiten, Sorgen und vieles mehr tragen müssen? Es ist die Unwissenheit der Theologen, die den Meinen Dinge zusprach, die nicht der Realität des Lebens entsprechen. So werdet ihr alle fragen: „Wie kann ich das Leben gewinnen? Wie kann ich sterben, auf dass ich wahrlich werde? Wie lerne ich das Schweigen, und wann erfahre ich das Leben?"

Erkenne, o Mensch, Ich will dich in dieser Stunde nicht nur ermahnen, Ich will in dieser Stunde nicht nur auf deine Fehler und Schwächen deuten – ja, Ich Bin erneut gekommen, um den Weg zu dem Herzen des Vaters darzulegen. Es ist der christlich-mystische Weg, den Ich als Jesus von Nazareth lehrte und lebte. Es ist nicht die Kasteiung, sondern ein langsames Abtragen dessen, was die Seele birgt. Es ist zugleich ein Heben des Unterbewussten und dessen, was noch die Seele trägt. Denn alles muss in euch offenbar werden, auf dass ihr es erkennt, bereut und nicht mehr tut. Dann erst entwickelt ihr euch zum kosmisch-dynamischen Leben, zu dem Kind, das den Vater von Angesicht zu Angesicht schaut – nicht erst im Laufe der Äonen, sondern nach der seelischen Entbindung.

Euch ist alles gegeben durch Mich, den Christus. Aufs Neue gebe Ich euch den Weg zum Herzen des Vaters. Auf diesem Weg wirst du in den Details unterwiesen, wie du das wahre kosmische Schweigen gewinnst, auf dass Gott, dein Vater in Mir, dem Christus, in dir redet.

Du wirst auf diesem Pfad zum Leben die Seligkeit verspüren, die der Weltmensch abtut, weil ihm die Welt lieb und teuer ist. Du wirst auf diesem kosmischen Pfad zum Heile des Friedens Freude, innere Freude, tiefe Beglückung und Seligkeit erfahren. Und du wirst am Ende des Weges sagen: „Wahrlich, der Vater und ich sind eins." Das ist der Weg des Christus. Das ist der Weg in euch, mit Mir, dem Christus!

Ich will euch diesen Weg bereiten. Gehet Mir nach, indem ihr die Gesetze des Lebens erfüllt! Und wenn ihr fragt: „Was sind die Gesetze des Lebens?“, so muss Ich euch sagen: Sie bewegen sich vom Prinzip der Ordnung über sieben Grundstufen hin zum Tor des Heils.

Kannst du mit diesen offenbarten Worten noch nichts anfangen, so erkenne: Nimm den Teil der Bergpredigt und erfülle, was noch vorhanden ist, und du wirst den Tod als Tor zum Leben erkennen, und dein Totenbett wird wahrlich eine Geburtsstätte des Friedens und der Liebe sein, weil die Seele in höhere Regionen eingeht, da sie schon in sich den Himmel erschlossen hat. Denn jeder von euch muss den inneren Himmel mitbringen, das heißt, die gereinigte Seele, um in die ewigen Wohnungen, in die Himmel, in das ewig paradiesische Sein, eingehen zu können.

O erkennet: Keiner kommt umhin, sich selbst zu erkennen, all die Fehler und Schwä-

chen zu bereuen, denn in der Buße liegt gleichsam die Kraft des Christus. Denn wer sich selbst erkennt und Buße tut, der erfährt die Auferstehung und das Leben, denn er ist gewillt, nicht aufs Neue zu sündigen. Mein Weg ist euer Weg, und euer Weg ist Mein Weg. Wer „stirbt", der gewinnt Mich. Und wer im geistigen Tod lebt, verstrickt in dieser Materie, der wird immer wieder nach der Wahrheit, nach dem Leben, nach einem Gott der Wahrheit und des Lebens fragen.

Wer sich aber aufmacht, um den Tod zu überwinden, die Anschauung der Masse, der hebt sich aus der Masse heraus, reinigt seinen karmischen Baum und erfährt so in sich das Leben. Zu diesem Leben, o Mein Kind, will Ich dich führen, dich, dich, dich und dich, jeden Einzelnen. Diese Aufgabe übernahm der Christus im Nazarener, und diese Aufgabe erfüllt sich in jedem von euch.

Schon des Öfteren sprach Ich, dass jeder der Tempel des Heiligen Geistes ist. Diese Aussage ist wichtig und von größter Bedeutung für den Einzelnen, denn wie viele suchen nach der Wahrheit und können sie nicht finden. Viele fragen: „Wo ist Gott – ja, ich kann Ihn nicht finden?"

Wisse: Du bist der Tempel des Heiligen Geistes. Jeder von euch ist der Tempel des Heiligen Geistes, und der Geist des ewigen Vaters in Mir, dem Christus, wohnt in euch. Was ist also zu tun, um der Wahrheit auf die Spur zu kommen, um Frieden, Freude und Seligkeit zu erlangen? Nichts anderes, als diesen Tempel von allen Leidenschaften und Begierden, von dem niederen kleinen Ich zu reinigen – dann erwacht im Menschen das Schweigen, die Gefühle sind edel, die Empfindungen gut, die Gedanken rein, und die Worte beseelt vom ewigen Leben. Dann tritt der Mensch zurück und löst sich durch die Kraft des Heils auf. Das wahre Leben, das Ich Bin, die ewige Wahrheit in euch, dringt hervor und offenbart sich in dem reinen und klaren Quell, weil die Seele geläutert ist.

Ich Bin der Weg, die Wahrheit und das Leben.

Blicke nur auf Mich, ja, gehe in dein Inneres, denn Ich Bin dort die Wahrheit! Diese Wahrheit zeigt sich in kosmisch-reinen Bildern. Es ist das Urempfinden des Vaters, die Sprache der Himmel. Dann, o Mensch, Mein Kind, bist du frei von all den Anschauungen dieser Welt. Dann weißt du, dass dir kein Theologe die Wahrheit bringen kann. Er kann sie dir nicht beweisen. Kein Mensch, auch nicht Meine Prophetin, kann euch die Wahrheit beweisen. Auch nicht Mein Wort durch Meine Prophetin kann euch die Wahrheit beweisen. Ihr selbst könnt euch die Wahrheit beweisen, wenn ihr den Weg nach innen wandelt, indem ihr ein gesetzmäßiges Leben führt und so zu Mir, der ewigen Wahrheit, vordringt, zu dem Leben, das euch erfüllt, das euch frei macht.

Diesen Weg lehre Ich die Meinen. Diesen Weg zeige Ich jedem Willigen auf; bis seine Seele so weit geläutert ist, stelle Ich Meinen

Diener voran. Dann erfährt die geläuterte Seele die Wahrheit, das Leben, denn in der stillen, gereinigten Seele, im abgeklärten Menschen spricht die Wahrheit. Denn der Mensch ist still geworden, eingekehrt in das Bewusstsein heiligen Schweigens. Dann wird er die Realität schauen, das Urempfinden, das sich in der reinen Schau ausdrückt.*

Noch benötigen die Meinen das Wort, noch bedarf es der Prophetischen Rede. Doch all jene, die zur Wahrheit vorgedrungen sind, sie wissen: Das Wort des Menschen ist nichtssagend gegenüber dem, was Mensch und Seele erleben – die reine Schau, das Urempfinden, ein kosmisches Geschehen, das das ihr auch das Mysterium nennt. In der mystischen Schule des Erfahrens und Erlebens erwacht die Seele und wandelt den Weg zum großen Mysterium – Gott, den Ewigen, in Mir, dem Christus, zu vernehmen. Denn ihr

---

* Gemeint ist der Cherub der göttlichen Weisheit, auf Erden Bruder Emanuel genannt.

alle seid Kinder des ewigen Vaters. Euer Vater schweigt nicht. Er spricht jeden Augenblick zu euch, zu jedem von euch. Nur wenige können Ihn vernehmen, weil die Seele umwölkt ist, der Mensch im Angesicht des Todes lebt und während er die Seelenschuld abträgt, wieder neue Schulden, neue Belastungen auf sich nimmt.

O erkennet: Gott ist das ewige „Es werde". Gott hat jeder Seele, jedem Menschen den freien Willen gegeben. Der Freie Geist, der euch, jedem Einzelnen, den freien Willen gab, wird euch zu nichts zwingen – deshalb Meine Offenbarungen, deshalb Mein Weg. Keiner wird gezwungen, etwas anzunehmen. Jeder hat den freien Willen. Jeder kann frei entscheiden. Das ist die kosmische Gerechtigkeit, die Freiheit eures ewigen Vaters in Mir, eurem Christus und Erlöser.

Jede Seele wird sich jedoch für den Weg entscheiden. Wann und wo, das sei dahingestellt. Das wird der Seele und dem Menschen überlassen, denn ihr besitzt den freien Willen. Ein konsequentes Leben, eine bewusste Ausrichtung, das zeitigt die Kraft des Vaters, das bringt die Seele in Bewegung und führt sie zur Erfüllung.

Stirb, o Mensch, und werde – denn Sterben bedeutet nicht den Tod. Sterben ist gleichsam ein Sichzuwenden und Hinwenden zu Dem, der das Leben ist. So erkenne, o Mensch, in Mir das Leben und erfahre es in dir. Dann erblühst du in der wahren Seligkeit und erfährst die Gottesnähe.

Auf dass ihr euch zu einem konsequenten Leben in Mir, dem Christus, bekennt, will Ich euch segnen. Möge Mein Segen und Meine Kraft in jedem von euch wirksam werden. Mögen Mein Segen, die Liebe des Vaters und die Barmherzigkeit eures Erlösers in jedem von euch wirksam werden. Denn Ich Bin die Wahrheit. Ich Bin in euch die Evolution zum Heil, denn Ich Bin der Weg. Und wer diesen

Weg beschreitet, der erlebt die lichten Gefilde. Er weiß, im Schweigen stirbt der Mensch, und im Schweigen redet Gott.

Dieser christlich-mystische Weg, dieses Erkennen und Erleben ist die Wahrheit, ist der Christus – Ich Bin.

Meinen Frieden und die Liebe des Vaters brachte Ich euch. Frieden, Liebe und Barmherzigkeit lasse Ich euch. Wohl dem Menschen und der Seele, die diese segnenden Kräfte in sich aufnehmen. Sie werden nicht erst morgen mit einem konsequenten Leben beginnen, sondern heute, jetzt, in diesem Augenblick, denn jetzt ist Ewigkeit.

Aus dieser Realität, aus dieser ewigen Wahrheit segne Ich euch und belebe euch.

Meinen Frieden, Meine Liebe und die Barmherzigkeit lasse Ich in euch.

Amen.

Die geistige Wiedergeburt

Christus,
der Sohn Gottes und Mitregent des Reiches Gottes,
offenbarte am 4. Februar 1983 in Würzburg:

Ich Bin der Weg, die Wahrheit und das Leben! Wer aus der Wahrheit ist, der kennt Meine Stimme, der weiß um das innere Licht.

Meinen Frieden und Meine Liebe bringe Ich euch. O schart euch nicht um einen Menschen, sondern schart euch um das Licht – Ich Bin das Licht. Wandert hinein zu diesem inneren Lichte, und ihr werdet Meine Güte, Liebe, Gnade und Barmherzigkeit erfahren.

Viele Menschen suchen nach dem Frieden, viele Menschen beten und sehnen sich nach dem Frieden, viele Menschen rufen: „Gott, o Gott, erbarme Dich meiner!" Viele müssen erfahren, dass sie kaum erhört werden. Viele wenden sich sodann vom ewigen Geist ab und glauben, dass dieser nicht existent wäre. Wahrlich, wahrlich, Ich sage euch: Die Güte eures und Meines Vaters wirkt unermüdlich in euch; Gnade und Barmherzigkeit sind waltende Gesetze des Lebens.

So werdet ihr fragen: „Weshalb erlangt der Einzelne so wenig von dieser inneren Gnade, von dieser Barmherzigkeit, von der Güte des ewigen Vaters?" Diese Frage stellt sich nur der, der um die Gesetzmäßigkeiten des Lebens wenig oder gar nichts weiß. Er spricht: „Gott ist die Liebe. Da Er die Liebe ist, müsste Er mir beistehen."

Gott ist Liebe, Gott steht dir bei. Doch kann die unendliche Fülle, die Liebe, so durch deine Seele in deinen Menschen strahlen, wie Gott, die Liebe, es wünscht? Du, o Mensch, solltest dich für diese inneren Kräfte öffnen, auf dass du das Heil, die Hilfe und Güte des Allmächtigen erlangst.

Die heutige Menschheit fragt mehr denn je: „Gibt es eine Wiedergeburt in das Fleisch?" Strebt mit euren Empfindungen und Gedanken zu den östlichen Bereichen, dort sich das Urchristentum aufgetan hat, dann werdet ihr erfahren, dass schon im Urchristentum das Wissen um die Wiedergeburt in das Fleisch existent war. Diese Lehre ist christliche Lehre, diese Lehre war schon im Urchristentum wirksam.

So sagen viele: „Diese Lehre der Wiedergeburt in das Fleisch ist östlich." Meine geliebten Kinder, vergesst nicht, wenn ihr Antwort gebt, dass aus den östlichen Bereichen, aus den Urgemeinden, die Lehre der Wiedergeburt in das Fleisch in alle offenen Herzen strömte. Dort wurde sie gelehrt, dort war sie Bestandteil der inneren Wahrheit.

So kommt die Lehre der Wiedergeburt in das Fleisch aus den Urgemeinden, getragen von Meinem Wort; erfüllt mit Meinem Geist lehrten die Propheten und Prophetinnen, lehrten die Apostel und Jünger, lehrte Ich als

Jesus von Nazareth. Wahrlich, im Östlichen, in den Urgemeinden, war diese Lehre wirksam.

Die Seele ist ein kosmisches Gut. Was heißt Seele? Die Seele ist nichts anderes als der umhüllte Ätherleib. Der Fall in die Tiefe entsprang aus dem Heiligtum Gottes. All jene himmlischen Wesen, die sich für Luzifer bekannten und zu Luzifer bekannten, fielen hinab in tiefere Regionen.

Um hier die Details offenbaren zu können, würde es mehrere Tage dauern. So will Ich, der Geist des Inneren, Christus, das Leben, euch nur einen Überblick geben, auf dass ihr erkennt: Die geistige Wiedergeburt wird jede Seele erlangen, weil Ich in ihr der wiedergeborene Geist Bin, die Teilkraft aus der Urkraft.

Als die Geistwesen, bestehend aus komprimiertem Äther, immer tiefer fielen, ummantelten sie sich mit ihren gegensätzlichen Empfindungen und Gedanken; ihre unlauteren

Gefühle bildeten gleichsam Hülle für Hülle. Der Ätherleib, das himmlische Wesen, hüllte sich somit in sieben Grundgewänder. Diese sieben Grundgewänder sind also die Hüllen des Ätherleibes. Dieser Geistkörper, umgeben mit diesen Hüllen, wird „Seele" genannt. Die Seele birgt alle Substanzen des göttlichen Lebens; diese Seele wirkt in euch. Jeder von euch ist nur das Gefährt der Seele, die in jedem von euch inkarniert ist. So befindet sich in jedem Menschen eine Seele, ein Geistwesen, das verschattet ist und durch die Christuskraft, durch das innere Licht, wieder gereinigt und zum Vater des Lebens zurückgeführt wird.

Der Unwissende spricht: „Christus, der Geist des Lebens, hat für mich alles vollbracht. Er nahm alle Schuld auf sich; so bin ich frei und kann in das Haus Gottes, in das Vaterhaus zurück."

Erkenne, o Mensch: Güte, Liebe, Gnade und Barmherzigkeit wirken in dir. Jede Seele kann nur durch die Gnade und Barmherzigkeit in das Vaterhaus zurück. Erkenne jedoch, o Mensch, dass auch du mit dazu beitragen musst, dass sich diese innere Gnade und Barmherzigkeit entfalten kann. Es ist Mein Licht, das Erlöserlicht, das Christuslicht.

Das Reich Gottes ist inwendig in dir – so steht es geschrieben. Dieses innere Reich besitzt sieben Grundstufen, sieben Grundkräfte. Diese sieben Grundkräfte müssen wieder vollkommen eins mit der Unendlichkeit sein. Das bedeutet also, dass der Mensch nicht nur warten darf, bis sich der Christusgeist bewegt und den Menschen und die Seele in das Leben zurückführt. O nein – auch der Mensch bedarf der rechten Bewegung, indem er die Gesetze erfüllt, von der Ordnung bis zu der Barmherzigkeit. Diese sieben Grundstufen, die gleich die sieben Hüllen oder sieben Gewänder der Seele, des Ätherleibes, sind, müssen durchlichtet werden. Je dunkler diese Hüllen sind, umso geringer bescheint den Menschen das innere Licht.

So rufen viele: „Herr, Herr, wo bist Du?" Das innere Licht spricht: „In dir, Mein Kind!" Der Mensch jedoch hört diese heilige, sich offenbarende Empfindung nicht, weil die sieben Hüllen allzu sehr verschattet sind. Der Mensch muss sich anstrengen, indem er sich selbst erkennt, denn einzig durch die Selbsterkenntnis begibt er sich in die innere Reue, in die Reue mit dem Herzen und nicht nur mit den Lippen. Durch die Selbsterkenntnis beginnt er, diese Hüllen zu durchlichten, weil er sich täglich mehr dem inneren Geist, dem Geiste des Lebens, hingibt.

Gott ist Energie. Diese Energie ist das kosmische Leben, diese Energie ist gleich der Treibstoff deiner Seele und deines physischen Leibes. O erkenne, o Mensch: Wenn du dich nicht dieser inneren Energie zuwendest, wie kann diese verstärkt fließen? Durch eure Technik wisst ihr, dass eure Flugzeuge, all eure Maschinen nur durch den nötigen Treibstoff in Bewegung gelangen. Ähnlich ist es auch mit eurer Seele. Wenn ihr nicht die Gesetze des Lebens erfüllt, so kann sich die Energie der Seele nicht verstärken; sie durchdringt nur gering diese Grundgewänder der Seele, des Ätherleibes, diese sogenannten Hüllen.

Ich will Beispiele für euer Leben bringen: Sehet den Fesselballon. Wenn er keinen Treibstoff erlangt, wird er nicht emporsteigen. Der Mensch kann noch so viel bitten, noch so viel betteln, der Fesselballon wird erst in die Lüfte emporsteigen, wenn genügend Energie in ihm ist. Verringert sich die Energie, so fällt er auf die Erde zurück.

Ähnlich ist es mit eurer Seele. Die unsterbliche Seele kann nur in das Vaterhaus zurück, wenn die sieben Hüllen, diese Verschattungen, nicht mehr existieren. Das Wiedergeburtsrad bewirkt immer wieder, dass die allzu sehr verschattete Seele in ein weiteres Erdenkleid geht. Der Mensch als solcher, das heißt das „Kleid" als solches, lebt nur einmal. Nach dem sogenannten physischen Tod wird es der Erde gegeben. Ist aber deine Seele verschat-

tet, hat diese nicht die Energie, um aus dem Wiedergeburtsrad hinauszugelangen, so wird sie nach ehernen Gesetzen immer wieder zur Erde zurückkehren. Sie wird dort wieder beginnen, wo sie im früheren Leben aufhörte zu leben und zu wirken. Deine täglichen Empfindungen, Gedanken, Worte und Werke bilden diese Hüllen. Sie können die Hüllen der Seele, des Ätherleibes, durchlichten, das heißt erhellen – oder noch mehr verschatten.

In dir, o Mensch, in jedem von euch, ist Mein Licht und Meine Kraft. Diese innere Kraft wird nur wirksam, wenn der Mensch mithilft, das Erkannte, die Sünde, alles, was er täglich vollbringt, zu erkennen, wahrhaft zu bereuen und nicht mehr zu tun. Die Zweifler, die Besserwisser halten fest an dem, was viele lehren: Christus machte den Menschen, die Seele von allem frei.

Meine geliebten Kinder, wäre jede Seele frei, wäret ihr ohne Tadel, so würde diese Welt erblühen! Denn wo kein Schmutz mehr ist, dort ist das Leben, dort ist strahlende Kraft, dort wächst und gedeiht alles, was die Sonne hervorbringt.

Da aber in dieser Welt so viel Unrat, so viel Unheil ist, so müsste sich der Einzelne fragen: „Stimmt die Lehre, dass Christus alles hinwegnahm?" Wahrlich, wahrlich, Ich sage euch: Ich nehme alles hinweg, doch, o Mensch, erkenne dich zuerst! Reinige dich durch die Kraft Meiner Liebe, dann wirst du in das innere blühende Leben finden, dort die ewige Wahrheit ist. Die geistige Wiedergeburt erlangt nur die Seele, die sich frei macht von allem, was gegensätzlich ist. Bis zur vierten Reinigungsebene wirkt das Wiedergeburtsrad. Vier Hüllen also solltest du durch Meine Kraft, durch Meine barmherzige Liebe, durch Meine Gnade, weitgehend gereinigt haben.

Weshalb ist dieser materielle Planet, die Erde, mit Menschen übervölkert? Weil der Großteil Meiner Kinder unwissend ist, weil die Menschheit nur das Zeitliche lebt, sich nur an das Zeitliche haftet, weil die meisten Meiner Kinder nur sprechen: „Was ich sehe, was ich greifen kann, das ist existent." Wahrlich, wahrlich, Ich sage euch: Wer so denkt, der lebt nicht, und wer nicht lebt, der erfasst nicht. Und wer den Sinn Meiner Worte nicht erfassen kann, der wird zweifeln und nach der Wahrheit suchen.

So suchen viele nach der Wahrheit. Hätte die Menschheit die Wahrheit, so wäre der Einzelne frei; da er aber nicht frei ist, so hat er nicht die Wahrheit gefunden, so tendiert die Seele immer wieder zu der nächsten Hülle.

Die Wahrheit macht euch frei. So mögen alle Zweifler fragen: Sind sie frei? Frei von Furcht, frei von der Angst vor dem Tod, frei von Meinungen, von Theorien, frei von Dogmen und Glaubenssätzen, frei von ihren Meinungen, frei von ihren Begierden, frei von Hass und Neid? Die Wahrheit birgt all dies Menschliche nicht. Deshalb hat ein Großteil der Menschheit nicht die Wahrheit gefunden; sie steht am Abgrund des geistigen Todes und weiß es nicht. Von einer Gemeinschaft zur anderen wandert ihr, um die Wahrheit zu finden – und findet sie doch nicht.

So fragt der eine: „Gut, wir können das hören. Ist es Christus, ist es die erlösende Kraft?" – Warum fragst du? Weil du die Wahrheit noch nicht gefunden hast. Denn erkenne: Ich Bin die Wahrheit, Ich Bin der Weg, Ich Bin das Leben. Die Wahrheit ist einzig in dir. Wer also die Wahrheit gefunden hat, der erfasst den Sinn Meiner heiligen Worte, der ist kein Suchender, kein Zweifler mehr, er ist ein Wissender und gleichsam ein Erleuchteter. Er weiß um die Wiedergeburt in das Fleisch, er weiß aber auch um die geistige Wiedergeburt, denn er erlebt täglich in sich, was geistige Wiedergeburt bedeutet: lassen von all dem, was menschlich ist. Er weiß, dass ihn das innere Licht begleitet, dass ihn das innere Licht erleuchtet. Er weiß, dass die innere Gnade und Barmherzigkeit die Seele und sein Physisches erhält.

In dieser Welt der Erscheinlichkeiten gibt es viele Diskussionen. Fanatisch diskutiert der, der nach der Wahrheit sucht, und in der Diskussion findet er sie nicht. Er wendet und dreht die Worte und versucht, dem Einzelnen Fallen zu stellen – das ist eure Diskussion. Wahrlich: Der, der zur inneren Wahrheit gefunden hat, braucht nicht zu diskutieren – er weiß. Er spricht ehrfürchtig über das innere Leben, er unterhält sich mit den Seinen über das Gesetz des Heils, doch er braucht nicht zu diskutieren, denn er hat gefunden, und er weiß den Weg zur geistigen Wiedergeburt.

Ein guter Handwerker, der sich seiner Fähigkeiten bewusst ist, der gute Arbeit leistet, wird nicht um das, was er sich erworben hat, diskutieren, er weiß, dass er die beste Arbeit liefert. Er wird sie nur anbieten, er wird sie erklären und kurz darüber sprechen, aber dis-

kutieren wird er nicht, denn er weiß, dass er die beste Arbeit liefert. So wissen auch jene, die zur inneren Wahrheit gefunden haben, dass sie das Beste besitzen, nämlich Mich, den Geist Christi, das Leben. Sie diskutieren nicht – bereitwillig bieten sie an, was sie täglich, stündlich, ja, minütlich empfangen, auf dass auch der Suchende den Weg nach innen findet und zur inneren Wahrheit gelangt, die ihn frei macht.

Diskussionen über Diskussionen über die Wiedergeburt in das Fleisch! Weshalb diskutiert ihr? Weil ihr nicht wissend seid. O, ihr Zweifler, gehet zuerst den Weg des Lebens: Übt euch in der Selbsterkenntnis, übt Disziplin und führt ein lauteres, gesetzmäßiges Leben, dann werdet ihr Meine ewige Gnade und Barmherzigkeit fühlen. Dann, o Menschen, wird die Erde friedvoll werden, und die ewige Sonne des Heils wird sie erheben und in lichtere Bereiche führen, weil ihr zuerst lichter wurdet.

Jeder betet um den Frieden – und der Friede kommt nicht. Warum kommt der Friede nicht zu euch, ihr Menschen? Weil ihr im Herzen keinen Frieden habt. Nur der, der zur inneren Wahrheit gefunden hat, der ist friedvoll, der ist tugendhaft, der weiß: Das innere Licht, Christus, ist das Licht der Erlösung. Christus vollbringt, sobald der Mensch sich für Christus öffnet, nicht nur im Wort, sondern in der Erfüllung der heiligen Gesetze. Gott besitzt das Gesetz der Ordnung, des Willens, der Weisheit, des Ernstes, der Geduld, der Liebe und Barmherzigkeit. Diese sieben Grundhimmel sind in euch, und diese sieben Grundhimmel sind verschattet. Deshalb: die sieben Stufen zum Leben.

Jede Verschattung wird umgewandelt werden. Jede Verschattung ist Energie. Ihr müsst dazu beitragen, dass sich Mein Geist, Mein Licht, in jedem von euch entfalten kann. Wäre Mein Licht in jedem Meiner Kinder wirksam, so würde es nicht irdischer Instru-

mente bedürfen. Denn wären eure sieben Hüllen weitgehend durchlichtet, so würde jeder von euch das heilige, ewige Gesetz vernehmen, das Wort des Vaters in Mir, dem Christus.

Ich Bin der Weg, die Wahrheit und das Leben.

Gott ist Geist, Gott ist Liebe – der Vater spricht mit jedem von euch. Jeden Augenblick ertönt Sein heiliges Wort an euch:

Erwache, o Kind, und erfülle, was dir verheißen: Liebe deinen Herrn und Gott über alles, mit all deinen Kräften, mit deinem ganzen Empfinden, liebe Ihn, indem du positiv denkst, positiv redest, gut und edel handelst, und liebe deinen Nächsten so wie dich selbst.

Strahle hinaus die Liebe zu den Naturreichen, und werde eins mit dem kosmisch waltenden Gesetz, dann wirst du nach diesem Erdenleben die geistige Wiedergeburt erlangen, du wirst nicht mehr in das Fleisch zurückkommen.

Erkenne dies, o geistiges Kind, erfasse dies, o Mensch, und erwache im Bewusstsein Christi – in dem Bewusstsein, dass du das Leben bist, durch Mich, den inneren Geist.

Viele Worte. Wer den Sinn jedoch nicht erfasst, wahrlich, der wird diesen irdischen Raum verlassen und seine Schultern heben mit den Worten: „Kann sein, kann aber auch nicht sein." Du wirst zur nächsten Gemeinschaft wandeln, und du wirst ebenfalls gehen und die Schultern heben: „Kann sein, kann nicht sein." So wirst du unruhig von einer Gemeinschaft, von einer Gruppe zur anderen wandern, und du wirst die Wahrheit nicht finden, weil die Wahrheit in dir ist. Und diese innere Wahrheit, die dich frei macht, o Mensch, kannst du nur erleben, wenn du den Pfad nach innen zum Reiche des inneren Lebens wandelst, indem du Stufe für Stufe erkennst, dich auf jeder Stufe selbst erkennst und deine Schwächen und Fehler bereust – ja, sie nicht nur bereust, sondern auch im täglichen Leben nicht mehr verübst.

„Gehet hin und sündigt fortan nicht mehr." Nehmt diese Worte des Heils mit in euren Alltag und erkennt: Das Gesetz von Ursache und Wirkung gilt für jeden. Ich ermahne euch nicht nur zur Umkehr, zu einem lauteren Leben, Ich unterweise euch auch auf dem Pfad nach innen durch Meinen Diener. Wer diesen Inneren Pfad geht, der wird wahrhaft frei, denn das ewige Gesetz lässt dich nicht nur das erkennen, was in dir derzeitig fundiert, sondern es führt dich auch zu dem Unterbewussten, bis hin zum Wesenskern der Seele, zum unbelastbaren Ich Bin, das sich in dieser Stunde offenbarte. Wahrlich, o Seele, du wirst wiederkommen, wenn du die ersten vier Hüllen nicht weitgehend durchlichtet hast. Erkenne: Ich, das innere Leben, stehe dir bei. Doch du tue den ersten Schritt, und Ich komme dir mehrere Schritte entgegen.

Der mystische Pfad ist der Pfad nach innen. Ich will euch über das Rad der Wiedergeburt hinwegführen, hin zu lichteren und höheren Regionen, dorthin, wo das innere Licht strahlt, dorthin, wo sich das innere Licht offenbart, das Wort eures Vaters.

Ich zwinge euch zu nichts, denn Ich Bin die Wahrheit. Ich diskutiere mit euch nicht, denn Ich Bin die Wahrheit. Ich rede mit euch und bringe euch den Inneren Weg, der zur inneren Wahrheit führt. Ja, Ich biete euch diesen Weg an, auf dass ihr die geistige Wiedergeburt erlangt, auf dass sich die Seele durchlichtet, sich Mensch und Seele adeln, dass der Mensch hinwegkommt vom niederen Denken, von seiner niederen Natur. Das ist der Weg des Christus für euch, mit euch – das ist Meine Liebe und Gnade.

Noch vieles gäbe es zu der Wiedergeburt zu sagen. Ich werde es tun, will alles offenbaren, so dass ihr erkennt, wie die Gesetze des Heils wirken, auf dass ihr zum Vater findet, der das Leben ist. Ich will die Gesetze offenbaren und will euch zugleich führen, auf dass ihr Kinder der Liebe, Kinder des heiligen Gesetzes werdet.

Meinen Frieden und Meine Liebe brachte Ich euch – Meinen Frieden und Meine Liebe lasse Ich euch.

In diesem Frieden und in dieser ewigen Liebe wirkt die Freiheit. Ihr seid frei, nicht gebunden an Mein Wort. Ihr seid frei, Ich zwinge euch nicht. Ihr könnt Mein Wort annehmen oder verwerfen, Ich zwinge euch nicht. Ich Bin der Geist der Freiheit, der Geist der Wahrheit, der Geist des Lebens.

Dieses Leben segnet euch, auf dass ihr euch aufmacht, um bewusst Meine Gnade und Barmherzigkeit zu erlangen.

Wenn ihr hinausgeht und bittet um dies oder jenes, so fragt euch: Wenn alles vollbracht ist, so bedarf es nicht des Bittens, alles ist licht und hell, alles ist rein und gut, alles ist edel und vollkommen. Betrachtet die Welt, betrachtet die Menschen – sind sie edel, sind sie vollkommen? Wäre alles hinweggenommen, so wäre alles edel und vollkommen.

Möge Mein Segen in jedem von euch wirksam werden, auf dass ihr erkennt: Die Wahrheit liegt in euch, in jedem von euch. Die Wahrheit könnt ihr auch hier im Wort nicht finden, in keiner Gemeinschaft – nur in euch selbst. Zu diesem ewigen Selbst führe Ich euch, zu der Wahrheit, die frei macht. Wohl dem, der es erkennt, dankbar und demütig diesen befreienden Pfad wandelt.

Meine segnende Fülle lasse Ich euch.

Amen.

Mensch und Natur – die geistig-göttliche Einheit

Christus,
der Sohn Gottes und Mitregent des Reiches Gottes,
offenbarte am 24. April 1983:

Ich Bin der Prophetische Geist, der sich offenbarende Herr des Universums, der Herr der Liebe, Barmherzigkeit und Geduld. Ich Bin der Herr der Ordnung, des Willens, der Weisheit und des Ernstes. Ich Bin der Herr des Lebens. In Gott, dem allmächtigen Vater, Bin Ich Christus, der eingeborene Sohn.

Mein Wort ist das Prophetische Wort. Nicht der Mensch spricht von sich aus, sondern es ist der Geist der Seele, das Leben, der Christus. Ich offenbarte Mich über die Freiheit des Menschen und der Seele. In dieser gesegneten irdischen Stunde offenbare Ich Mich über die geistig-göttliche Einheit. Mein Wort ist gleich das Wort des Vaters. Deshalb spreche Ich zu euch: Meine Kinder.

Meine Kinder, was ist geistige Einheit? Die geistig-göttliche Einheit ist das Bewusstsein Gottes, das Bewusstsein eures ewigen Vaters. In diesem göttlich-heiligen Bewusstsein ist alles enthalten – somit ist alles in allem, was Gott, die allmächtige Kraft, schuf und schafft. Wer also die göttliche Einheit leben, ja, verwirklichen möchte, der muss in sich frei werden – frei von allem, was diese Welt bejaht und nicht dem heiligen Gesetz entspricht.

Was gehört zur göttlichen Einheit, zum Bewusstsein Gottes?

Jeder Mensch, jede Seele, das Firmament, die Natur, alles, was die Natur zeichnet, gehört zum göttlichen Bewusstsein, zur göttlichen Einheit. Jeder Stein, jedes unscheinbare Blümchen, jedes Tier, alles, was auf Erden kreucht und fleucht, gehört zum göttlichen Bewusstsein. Denn alles, was atmet, wird vom heiligen Bewusstsein, von der ewigen Einheit Gottes, beatmet. Der Atem ist gleich der Odem Gottes.

So atmet ihr, weil euch Gott beatmet. Der Odem Gottes ist somit Sein heiliges Bewusstsein. Somit ist die göttliche Einheit Energie. Wollt ihr Gott, dem heiligen Liebe-Gesetz, nahekommen, so erfüllt die Einheit in eurem Leben.

Der Mensch verstößt jedoch tagtäglich gegen die Einheit des Allerhöchsten und somit gegen die kosmisch-ewige Liebe.

Meine Kinder, wir betrachten die Naturreiche. Jedes Tier bedarf der Freiheit und somit des bewussten Lebens. Was tut der Mensch? Er zieht die Tiere auf die Schlachtbank, mordet sie hin und benimmt sich wie ein Kannibale. Das Haustier jedoch, das verwöhnt er, legt ihm jedoch gleichzeitig eine Kette an und bindet es an sich.

Meine Kinder, so frage Ich euch: Ist das das Bewusstsein göttlicher Einheit und Liebe?

Schon alleine daran erkennt ihr, dass die Menschheit unfrei ist. Solange sich der Einzelne nicht von seinem egoistischen Denken befreit, kann er nicht die Einheit erkennen und leben.

In vielen Tieren befindet sich eine Teilseele. Was glaubt ihr, o Menschen, ob diese nicht empfindet? Sie empfindet sehr wohl die Schmerzen des Leibes! Wer trägt die Schuld? Wer trägt die Bürde? Das Teilseelchen oder der Kannibale Mensch? Der Mensch belastet sich und entfernt sich mehr und mehr von Gott, der allmächtigen Kraft.

Betrachtet die blühende Natur, das Leben! Was tut der Mensch? Er fällt Bäume. Er greift in die Natur ein, so, wie es ihm passt. Eure Blumen werden gepflückt und zum Markt getragen, so, wie viele der Tiere. Mit diesen Blumen wird das Haus geschmückt, doch der Tempel des Menschen verunreinigt mehr und mehr. Glaubt ihr Menschen, dass die Natur nicht empfindet? Glaubt ihr, o Men-

schen, dass die Blumen kein Bewusstsein tragen? Auch sie empfinden, und sie empfinden die Brutalität der Menschen. Wer trägt die Schuld? Das Bewusstsein der Natur, der Blumen – oder das des Menschen? Des Menschen Seele belastet sich.

O erkennet, wie weit entfernt der Mensch vom heiligen Bewusstsein Gottes ist. Die Natur ist die Stille. Doch wenn der Mensch durch die Natur geht, wird es unruhig. Des Menschen Technik stört das Bewusstsein der Tiere, das Bewusstsein sämtlicher Naturreiche. So stört der Mensch den gesamten Ablauf von Frühling, Sommer, Herbst und Winter.

So frage Ich Meine Kinder: Wo besteht die kosmische Einheit, das Leben? Es besteht allezeit bei Gott, eurem Herrn und Vater, und bei all jenen, die sich von dem äußeren Zwang befreiten.

O erkennet: Dieses heilig-kosmische Bewusstsein Gottes, die Einheit, befindet sich in jedem von euch. Diese kosmische Einheit ist die Fülle eurer Seelen. Wer jedoch seine Seele nicht zu Gott erhebt, der ist und bleibt gebunden. Er bleibt unfrei und erkennt nicht das große Walten eines ewig schöpferischen Geistes.

O erkennt, dass ihr alle Söhne und Töchter Gottes seid, dass ihr alle diese kosmische Fülle, die Einheit, in euch tragt, dass diese kosmische Fülle göttlicher Einheit in jedem von euch erschlossen werden muss. Denn keine Seele kann zum Vater, zum ewig heilig-kosmischen Bewusstsein zurück, außer sie ist wieder absolut. Absolut sein bedeutet: Die Seele muss alles in sich erschlossen haben, was Gott, die ewige Kraft, in sie hineinlegte – und das, Meine lieben Kinder, ist alles in allem.

So machte Ich Mich erneut auf den Weg, um euch die Freiheit und Einigkeit, die göttliche Einheit, zu lehren – zu lehren durch Prophetenmund. O erkennet: Der Mensch lebt im Äußeren, im materiellen Sein. Sein Verstand ist vom Egoismus geprägt, sein irdisches Bewusstsein ganz auf die Materie bezogen. Die meisten Meiner Kinder denken nur an sich, an ihr körperliches Heil.

Solange ihr nur an euch, an euer kleinliches Ich denkt, verschließt ihr gleichsam den Zugang zum höheren Leben. Der Geist, die innere Kraft der Seele, zieht sich mehr und mehr zurück, weil der Mensch die heiligen Gesetze nicht wahrt.

So fragen viele: „Wo ist Gott? Existiert Gott?" Meine geliebten Kinder, solange ihr euch untereinander fremd seid, erkennt ihr nicht Gott in euch und auch nicht in eurem Nächsten. Solange ihr euch nicht friedvoll und dankbar die Hände reicht, lebt ihr nicht die Liebe, die Freiheit und Einheit. Solange ihr Grenzen bejaht, lebt ihr nicht die göttliche Einheit. Solange ihr denkt, „das ist mein, und das ist sein", lebt ihr nicht die göttliche Einheit. Solange ihr empfindet und denkt, „Ich bin Mensch, ich existiere für mich allein", lebt ihr nicht die göttliche Einheit. Solange ihr euren Nächsten nicht als Freund betrachtet, sondern als Feind, lebt ihr nicht die göttliche Freiheit und Einheit. Und solange ihr euch gegenüber eurem Übernächsten, dem Tier, kannibalisch benehmt, lebt ihr nicht die göttliche Einheit. So ihr die Naturreiche der Blumen beraubt und sie zum Markt tragt, um sie zu verkaufen, lebt ihr nicht die göttliche Einheit. Denn jedes Blümchen soll dort stehen, wo es erblüht.

Der, der die Einheit lebt, lebt wahrlich in der Freiheit. Er betrachtet die Natur als einen großen Garten Gottes, in diesen er mitten hineingestellt ist. Sein Herz erfreut sich an jedem Tier, an jeder Blume, am blühenden Strauch. Weshalb erfreut sich ein bewusst denkender und empfindender Mensch? Weil er in all diesem Leben das göttliche Walten, das heilige Bewusstsein göttlicher Einheit und Fülle, erkennt. Diese Kraft kosmischen Lebens strömt sodann in seine Seele ein. Das Bewusstsein eines solchen Menschen erweitert sich. Der Geist der Seele verstärkt sich, und der Mensch empfindet aus dem unscheinbaren Blümchen die heilige Kraft, das Ich Bin. Er liebt die Tiere und schleppt sie nicht zur Schlachtbank. Er trägt mit dazu bei, dass das Leben erhalten bleibt.

O erkennt, wie wenige es sind, die dazu beitragen, dass das physische Leben so lange erhalten bleibt, bis es die ewige Kraft abruft. Damit es mehr werden, offenbare Ich Mich, das ewige Leben, Christus. Ein Mensch, der bewusst die Freiheit und Einheit anstrebt, wandert somit zu dem inneren Bewusstsein, zu Gott, der Fülle, hinein. Er lebt gleichsam von innen heraus. Er wird ein Mensch, der in allem das göttliche Walten erkennt und sein erweitertes Bewusstsein zur Offenbarung bringt.

Noch sind viele Meiner Kinder vom Verstand, vom Intellekt, geprägt. Was ist der Intellekt? Nichts anderes als Gebundenheit, anerzogene irdische Weisheit. Wenn ihr jedoch erkennt, dass sich die gesamte göttliche Einheit in euch offenbaren möchte, so bedarf es nicht mehr des intellektuellen Strebens. Die ewige Liebe und Weisheit Gottes, das große ewige Bewusstsein des Vaters, ist in euch. Und dieses heilige Bewusstsein wirkt in euch, sobald ihr das Gesetz der Einheit erfüllt. Der Mensch, der von innen nach außen lebt, der ist geprägt vom göttlichen Bewusstsein.

Der Mensch, der alles mit dem Intellekt erfassen möchte, ist geprägt von irdischer Weisheit. Doch irdische Weisheit ist gleich Torheit – und der Tor erkennt nicht, dass er seine Erde zerstört. Der wahre Weise jedoch lässt das ewige Bewusstsein, Gott, durch ihn reden und handeln. Er ist von der Liebe geprägt und von der Liebe getragen.

Meine geliebten Kinder, zu dieser inneren göttlichen Weisheit, zu dem erfüllten Leben, möchte Ich jeden führen. Deshalb offenbart sich der ewige Geist, der Geist des Christus, aufs Neue. Er bietet allen willig Suchenden diesen Pfad nach innen zum heiligen Bewusstsein der Liebe an. Jeder von euch kann diesen ewig heilig-kosmischen Pfad wandeln, denn in jedem von euch ist Meine führende, erlösende und befreiende Kraft.

Nehmt in Zukunft etwas mehr Abstand von eurem menschlichen Ich, und betrachtet die Natur in ihrer Fülle. Nehmt die Kräfte der Natur gleichsam in euch auf, denn alles schwingt und schwingt ein in euer Bewusstsein.

Wenn ihr euch diesbezüglich übt, werdet ihr erkennen, dass Ich, Christus, der Weg, die Wahrheit und das Leben Bin. Schon allein, wenn ihr etwas Abstand von eurem menschlichen Ich nehmt und die Naturreiche in euch zur Wirkung kommen lasst, werdet ihr verspüren: Ich Bin der Herr! Der, der es mit Bewusstsein ausführt, erkennt sich selbst und erkennt sein kannibalisches Leben.

Hinweg von eurem einengenden Denken, hinweg von eurer Gebundenheit will Ich, der

Christus, euch führen – hin zu der göttlichen Einheit, die den Menschen wahrhaft diese bewusste Freiheit schenkt, die Freiheit in Gott.

Dieser Pfad nach innen, zum Reiche des inneren Friedens, bedarf der entsprechenden Anstrengung. Der erste Schritt auf diesem Pfad zum Reiche des Inneren lautet: Mensch, erkenne dich selbst und tue Buße! Erst wenn sich der Wanderer zum Reiche des Friedens und der Einheit selbst erkennt, wird er seine Niedrigkeit bereuen und langsam abbauen.

Wahrlich, Meine Kinder, nur durch die Selbsterkenntnis werdet ihr frei! Der gebundene Mensch sagt, der Nächste müsse dies und jenes lassen. Der Wanderer auf dem Pfad zum inneren Leben spricht jedoch: „Ich muss dies und jenes lassen, auf dass ich Gott, dem heiligen und hehren Bewusstsein, nahe komme."

Der Mensch sollte die Gebote beachten, auf dass er frei wird und so zur Einheit Gottes gelangt. Die großen Gebote, das Gesetz des

Lebens, lautet: Ordne dein Leben in Empfindungen, Gedanken, Worten und Werken! Erfülle den Willen des Herrn, betrachte, was Gott, der Allmächtige, hervorbringt! Erkenne Seine göttliche Weisheit in jedem unscheinbaren Blümchen, in jedem Stein; erkenne Seine ewige Weisheit am Firmament!

Gehe ernsthaft mit dir selbst zu Rate, dann wirst du erfahren, was wahre göttliche Liebe ist. Denn dann wird sich in dir der ewige Geist mehr und mehr offenbaren, und du wirst gleichsam von innen heraus bewusst geführt.

Dann erkennst du auch die nächste Gesetzesstufe, die Geduld. Und du wirst geduldig mit deinem Nächsten sein, weil du erkannt hast und erkennst, dass Gott mit dir die größte Geduld hatte und hat. Und du wirst von der ewigen Liebe durchdrungen sein, weil du erfasst: Gott ist die absolute Liebe. Und du wirst wahrlich zum Samariter werden und deinem Nächsten beistehen, weil er dein Bruder ist. Das ist das allumfassende Gesetz, das sind die sieben Stufen des heiligen Gesetzes, die jede Seele wandeln muss.

Wohl dem Menschen, der die Gnade erfasst und den Weg zur inneren Freiheit wandelt! Es ist der, der selig ist, und es ist der, der wahrlich das Erdreich besitzen wird, denn er macht sich die Erde in Liebe untertan.

Mein Wort ist das Wort der Belehrung und Aufklärung. Mein Wort ist das Wort der Führung und Befreiung. Und wer Mein Wort sinngemäß erfasst, der weiß, was zu tun ist. Er wird nicht mehr auf den Nächsten blicken, sondern auf sich selbst. Er wird an seinem Ich rütteln und schütteln und wird sich somit freischütteln von jeglicher irdischer Gebundenheit, frei von konfessionellem Denken. Er wird sich freischütteln von jeglichem Sektierertum. Er wird sich frei machen von jeglichem negativen Gedanken. Er wird sich frei machen von jeglicher Habgier und Neid, von Eifersucht und zerstörendem Hass. Dann,

Meine geliebten Kinder, erblüht das Innerste, das göttliche Bewusstsein, und ihr werdet bewusste Kinder eures Vaters sein. Das ist Mein Weg, den Ich jeden lehre. Das ist der heilige Pfad nach innen, denn das Reich Gottes ist inwendig in euch.

So ihr aber ein irdisches Reich bejaht, verstoßt ihr das Reich des Vaters. So ihr aber alles Irdische durch die Kraft der Liebe umwandelt, werdet ihr frei – und auch die gebundenen Tiere, das gebundene Naturreich. Dann, Meine geliebten Kinder, wird euch die Erde dienen, da ihr die herrlichsten Geschöpfe des Vaters seid, so ihr gereinigt seid, gereinigt von jeglichem Unflat. Das ist Mein Weg, der Weg der Befreiung, den Ich jeden Willigen lehre. Das war der Weg des Jesus – das ist der Weg des Christus mit euch.

So frage Ich die Meinen: Wo wollt ihr hingehen? Wer zeigt euch den Pfad zum heiligen Leben? Eure Theologen? Nein, sie kennen ihn selbst nicht. Die Sektierer? Nein, sie kennen ihn selbst nicht. Es ist Christus, euer Herr, der euch den Weg zeigt, denn Ich sprach zu euch: „Kommet alle zu Mir her, die ihr mühselig und beladen seid!" Und jeder ist mühselig und beladen!

Und Ich sprach: „Ich Bin der Gute Hirte, und Ich möchte alle Meine Schafe weiden!" Doch wo sucht die Menschheit ihren Hirten – im Geistigen oder im Zeitlichen? Ich Bin der Gute Hirte. Und dieser Gute Hirte ist der Geist Christi in euch, in jedem von euch. Es bedarf also des einzig Guten Hirten, nämlich des Christus. Und jeder kann Meine Stimme hören, und jeder kann den Weg erfahren, so er die ersten vier Gesetzesstufen gewandelt ist. So lange bedarf es des Lehrpropheten, durch diesen sich der Geist des Christus, Ich Bin, offenbart. Doch ihr sollt euch nicht an den Lehrpropheten binden, sondern an Den, der durch den Lehrpropheten spricht: Christus, der in euch wohnt. Das ist der wahre Weg der Freiheit, der zur göttlichen Einheit, zum heiligen Bewusstsein führt.

Dann werdet ihr wahrlich alle Brüder und Schwestern in Gott, eurem Herrn und Vater. Solange ihr noch auf eure Hochgestellten blickt, seid ihr die Niederen. Vor Gottes Angesicht gibt es keine Hochgestellten und keine Niederen. Vor Gottes Angesicht seid ihr alle gleich, Kinder eines ewigen Vaters, ausgestattet mit der Absolutheit des Lebens. Zu dieser inneren Freiheit, zu dieser Absolutheit möchte Ich, der Christus, euch führen.

Eure kirchlichen Obrigkeiten haben versagt. Bedarf es noch der Beweise? So schaut in diese Welt und erkennet den veräußerlichten Christen. Deshalb erhebe Ich erneut Meine Stimme durch Prophetenmund und rufe der Welt zu: O kommet alle zu Mir her, zu dem inneren Christus, auf dass ihr frei werdet, ihr Kinder dieser Welt, so dass ihr wieder bewusste Kinder des ewigen Vaters werdet!

Ihr Weltenkinder, kommet heraus und erkennt, was in euch lebt: Gott, die ewige Fülle. Streift ab jegliche Furcht, streift ab eure

Ichbezogenheit, und ihr werdet Gott, euren Vater, und euren Heiland in euch fühlen. Das ist der Weg, den Ich lehre. Das ist das Heil für alle, die diesen Pfad wandeln. Das ist wahrlich die Befreiung der Seele.

Die Macht und Kraft des Christus segnet euch durch Prophetenmund. Doch der ewige Segen des ewig heiligen Bewusstseins strömt unermüdlich. Durch das Wort segne Ich euch, und das Wort hat Kraft, so ihr den Sinn des Wortes erfasst. Ich segne euch aus dem heiligen Bewusstsein des Ewigen, der Ich in Gott, eurem ewigen Vater, Bin.

Ich segne euch mit der allmächtigen Kraft göttlicher Einheit und Liebe.

Ich segne euch mit der allumfassenden Kraft göttlicher Liebe und Weisheit.

Ich segne euch aus dem allumfassenden Gesetz, dem Gesetz Gottes.

Möge dieser allumfassende Segen in jedem von euch Früchte bringen.

Das Prophetische Wort verklingt, doch Ich, der führende Geist, euer Heiland und Erlöser, bleibe in euch. So fühlt euch jeden Augenblick als Gesegnete eures Vaters. Und in diesem Sinne verlasst ihr frei, so, wie ihr gekommen seid, diesen irdischen Raum. Denn Mein Segen bindet nicht – er macht frei, da Ich die göttliche Freiheit, Einheit und allumfassende Liebe Bin.

So wandelt im Bewusstsein eures Vaters in der Erkenntnis, dass ihr alle unsterbliche Kinder des ewigen Lebens seid. Das Zeichen in euch ist der Christus – Ich allein mache euch frei!

Amen.

Selig, die im Geiste leben, denn ihrer ist das Himmelreich.

Christus,
der Sohn Gottes und Mitregent des Reiches Gottes, offenbarte am 31. Juli 1983 anlässlich eines Jugendtreffens in Halltal, Österreich:

Selig sind, die im Geiste leben, denn ihrer ist das Himmelreich.

Meine Kinder, so spricht der Geist Christi: „Selig, die im Geiste leben, denn ihrer ist das Himmelreich."

Viele von euch stellen immer wieder die Frage: „Was ist Geist?" Die Antwort lautet: Geist ist Gott.

Die Frage des Nächsten: „Wer und was ist Gott?" Der Erleuchtete spricht: „Gott ist Geist. Gott ist gleich Energie, ewig strömende, ja alldurchströmende Kraft."

Die andere Frage lautet: „Existiert Gott, und kann ich Gott schauen?" Der Erleuchtete antwortet: „Gott kannst du nicht als Wesen oder gar als Person schauen. Gott ist Geist. Doch den Geist kannst du mit den Augen der Liebe schauen und wahrnehmen, auch im materiellen Sein, auch als Mensch."

So stellt der Nächste die Frage: „Wenn ich Gott nicht als Wesen, nicht als Person schauen kann, wie kann ich Ihn dann sehen? Wie ist es möglich, diese Energie, die alles durchströmt, zu schauen, zu empfinden, sie wahrzunehmen?" Der wahre Weise und Erleuchtete spricht: „Blicke dich um. Alles ist Gott."

Meine Kinder, blickt euch um – alles ist Gott. Jeder Baum, jeder Strauch, die Sonne, die Gestirne, Blumen, Steine, Tiere – alles ist Gott. Es ist die All-Kraft, die sich für das schönste Wesen, das Geistwesen im Erdenkleid manifestiert hat. So ist alles, was ihr hier betrachtet, einschließlich eures physischen Leibes, der manifestierte Geist, verdichtete Energie, also Gott. So bist du, Mein Kind, göttlich, so du die Göttlichkeit, den Geist in dir, annimmst und im Geiste lebst.

Selig sind also die, die im Geiste leben, denn ihrer ist das Himmelreich. Ob sie in die unendlichen Weiten blicken oder zur Enge des Tales, ob sie Bäume, Sträucher oder Blumen betrachten, sie fühlen sich in der Heimat, denn sie leben im Geiste Gottes, im göttlich ewigen Strom. Ob sie die Sonne betrachten und die Strahlen der Sonne verspüren, sie wissen: Es ist Geist, es ist nur manifestierte Essenz, manifestiertes Leben. Doch dieses Leben ist wieder der Ausdruck des Göttlichen, des ewigen Stromes, der auch in euch fließt, der euch durchdringt.

Meine Kinder, dieser ewige Strom ist die ewige Liebe. Aus diesem Strom ewiger Liebe gingen eure Seelen, die geistigen Körper, hervor. So ist euer Wesen, euer ursprüngliches Wesen, Liebe. Alles, was ihr betrachtet, alles, was lebt, kommt aus derselben Quelle, aus demselben Strom: Liebe.

So ihr nun im Geiste der Liebe selig werden wollt, so ihr die Himmel der Liebe um und in euch fühlen wollt, was sollt ihr beachten? Gebiert euch ein in diesen Strom der Liebe, indem ihr euch täglich mehr beobachtet.

Die Selbstbeobachtung tut not, auf dass Mensch und Seele in diesen göttlichen Rhythmus gelangen, der den Strom göttlicher Liebe anzeigt. Nähert ihr euch diesem gesetzmäßigen ewigen Rhythmus strömender Liebe, dann werdet ihr nur noch Liebe aussenden, da ihr nach und nach zu dieser selbstlosen Liebe werdet, zu einem freien, lichten Menschen und zu einer gotterfüllten Seele, die vermehrt den Strom der Liebe empfängt und diesen göttlichen Strom weitergibt an Menschen, Wesen, Steine, Mineralien, Blumen, Bäume, Sträucher, Tiere – Menschen des Geistes, die den Strom der Liebe weitertragen zu den Sonnen der Unendlichkeit, zu allen Gestirnen, zu allen lichten und verschatteten Wesen.

Meine Kinder, so viel Liebe ihr gebt, so viel Liebe, ja, noch mehr Liebe kommt auf euch zurück, fließt in euer Inneres und verstärkt diesen Strom göttlicher Liebe. Im Geiste zu leben bedeutet gleich, in der Heimat zu leben, denn alles ist eure Heimat, auch das materielle Sein, so ihr im Geiste lebt.

O erkennet: Alles, was Gott schuf und was im Göttlichen lebt, ist rein. So ist die Natur in ihrem Inneren rein. Die Tiere empfinden in ihrem Inneren nur Reinheit. Alles Sein strömt Reinheit aus. Nur der Mensch, der sich belastet hat, strömt unreine Empfindungen und unreine Gedanken aus. Seine Worte sind nicht gesetzmäßig, nicht lauter, seine Handlungen und Gesten nicht edel. Strömen nun negative Empfindungen und Gedanken den Naturreichen zu, so distanzieren sich Bäume, Sträucher, Blumen, Tiere, Mineralien, Steine, alles, was göttlich ist, von all euren Gedanken, von all euren Empfindungen, die nicht dem Strom göttlicher Liebe entströmen. Dann fühlt sich der Mensch allein.

Einsam wandelt er durch den Gottesgarten. Die Natur sagt ihm nichts, die Bäume sind nun mal Bäume für ihn, leblose Formen. Die Steine sind nun mal Steine, die man mit dem Fuß hinwegschleudern und mit der Hand wegwerfen kann. Die Sonnenstrahlen sind ihm lästig, so sie wärmen, und der Vollmond ihm zu kräftig, so er ins Zimmer scheint. Doch der, der im Geiste lebt, der, der alles im Geiste schaut – um ihn ist wahrlich der Himmel, Gott, der Odem des Lebens.

Mein Kind, wie kannst du nun die All-Kraft schauen und mit dieser in Verbindung treten? Siehe, die All-Kraft im Baum, die All-Kraft in jeder Pflanze tritt nur mit dir in Verbindung, wenn aus dir Ströme der Liebe hervorquellen. Um nun Gott näherzukommen, Gott in deiner Tiefe zu empfinden und wahrzunehmen, solltest du mit der Kraft, die dich umgibt, mit Gott, in beständiger Kommunikation leben. Übe dich, Mein Kind. Vor euren Augen, die ihr die Meinen seid: der lichte Himmel. Öffnet die Augen, schaut in das Firmament; strömt aus eurem Innersten Liebe aus. Macht euch frei von allen gegensätzlichen Empfindungen, von Misstrauen und Zweifel. Im selben Augenblick, da von euch Liebe ausgeht, spürt ihr, wie die Kräfte der Liebe zurückströmen, wie sie euer Inneres beseelen, wie sie euer Inneres weiten, und ihr fühlt, wie ihr von Adlersflügeln getragen werdet, da sich in euch die kosmische Energie verstärkt.

Nun erhebt eure Blicke zu dem nahe stehenden Baum. Strömt Liebe aus, stellt euch auf Empfang ein, und ihr fühlt, wie euch der Baum antwortet. Spürt ihr in eurem Inneren, wie nahe er euch verwandt ist? Weshalb? Weil dieselbe Energie, die im Baume fließt, auch in euch ist. Kräfte der Liebe berühren sich in euch, verstärken sich, erweitern euer Bewusstsein und führen euch mehr und mehr zu dieser ewigen All-Kraft, zur Liebe, die euch einhüllt, die euch die Wege zu weiteren Höhen und zu noch größerer Seligkeit zeigt. Strömt aus eurem Herzen Liebe, dann erkennt ihr in jedem Tierchen die Verwandtschaft, denn der Geist in jedem Tierchen ist auch in euch. So lebt ihr nach und nach im Geiste, und die Seligkeit kommt über euch, die Seligkeit, Gott, dem Geist eures Vaters, so nahe zu sein – ja, der Geist Gottes ist in und um euch.

Und nun, Meine Kinder, stellt euch die Frage: Wovor fürchtet ihr euch? Fürchtet ihr euch vor dem Sturm? Wenn ihr den Sturm als etwas Äußeres betrachtet, der in sich keine Existenz hat, dann wird der Sturm euch übermannen, und ihr werdet eventuell durch den Sturm zu leiden haben. So ihr aber dem Sturm Liebe sendet, wird die Essenz im Sturm, der Geist, mit euch in Kommunikation treten, und die äußere Kraft, die Gewalt des Äußeren, wird von euch Abstand nehmen. Fürchtet ihr euch jedoch vor dem Sturm, dann wird der Sturm euch übermannen und eventuell ein Schicksal heraufbeschwören, das nicht in euch lag, das ihr aber herbeigeholt habt durch die Furcht.

Gehet ihr achtlos an der Natur vorbei, umgarnt mit euren menschlichen Empfindungen und Gedanken, so seid ihr wieder fern von dem, was euch umgibt, fern von der Heimat. So ihr aber Liebe ausströmt, strömen aus Bäumen, Sträuchern und Blumen Kräfte der Liebe in euer Inneres ein, und ihr fühlt gleichsam wiederum die Verwandtschaft und die Einheit mit Gott, dem ewigen Geist eures Vaters. Dadurch weitet sich in eurem Inneren die Seele; vermehrte Kräfte strömen in die Partikelstruktur eures Geistleibes ein, und die Zellen eures Leibes atmen den göttlichen Odem und reinigen sich von allen Schlacken, von niederen Gedanken und Neigungen. So, ihr Söhne und Töchter der Himmel, gelangt ihr in die Seligkeit, die euch wahren Frieden, wahre Freude und wahre Einheit schenkt. So lebt ihr im Geiste. Ächzen dann die Bäume durch die Kraft des Sturmes, sehen die Berge finster und bedrohlich aus – wahrlich, der, der im Geiste lebt und in sich die Seligkeit erlangt hat, der strömt Liebe aus, und er weiß: „Kein fallender Baum wird mich treffen, denn Gott erschlägt mich nicht, mich erschlägt nur meine eigene Angst, mich erschlägt meine Furcht, mich erschlägt mein Mensch, der gedanklich nicht in Gott, in dieser Kraft, in diesem Leben, ruht."

Dann fühlt ihr wieder die Fülle der Gottheit in euch, die Verwandtschaft in allem Sein, weil in euch die Entsprechung Liebe ist. Ist aber in jedem von euch die Entsprechung Hass, dann zieht ihr wieder den Hass auf euch, und der Baum, der fällt, der fällt auf euch. Weshalb? Weil ihr wenig Licht ausstrahlt, weil euer Inneres den fallenden Baum nicht zu dirigieren weiß, weil ihr nicht im Geiste lebt, sondern nur Mensch seid. So habt ihr nur die Kräfte von Menschen, ihr Söhne und Töchter, ihr Meine Kinder. Wie groß sind die Kräfte des Menschen? Sie können die Flut der Katastrophen nicht bannen. Sie können die Ängste ihrer Mitmenschen, die nur Menschen sind, so wie sie selbst, nicht lindern und heilen. Sie können die Sorgen nicht hinwegnehmen. Sie können wenig tun, weil in ihnen wenig göttliche Energie fließt, weil sie sich nicht zum Göttlichen erheben, sich nicht als göttliche Wesen betrachten und sich nicht in den göttlichen Strom einstimmen, sondern ihre kurze Existenz als Mensch bejahen: „Ich bin nur Mensch." Was ist der Mensch, wenn nicht der Geist wirkt? Nichts. So sind jene gering, die nicht im Geiste leben. Sie sind es, die die Natur schänden; sie sind es, die die Tiere quälen; sie sind es, die ohne Bedenken Massenverlagerungen vornehmen; sie sind es, die dem Nächsten nichts Gutes wünschen; sie sind es, die Kriege heraufbeschwören; sie sind es, die mit sich selbst in Feindschaft leben.

Meine Kinder, euch ist geboten, zu lieben im Geiste der Freiheit und Liebe. O nehmt dies Gebotene an, indem ihr euch täglich mehr veredelt, indem ihr Liebe ausströmt:

Bevor ihr euer Wort erhebt, bevor ihr einen Schritt aus eurem Hause tut, strömt Liebe aus. Liebe kommt auf mannigfache Art und Weise auf euch zurück, hüllt euch ein, schützt und geleitet euch.

Liebe ist eine Kraft, die euch dienen möchte. Die Natur möchte euch dienen, doch so ihr die Naturreiche nicht beachtet, können sie euch unter Umständen zum Fluch werden. So ihr das Leben quält, quält ihr euch selbst. Denn alles, was ihr tut, sowohl an Positivem als auch an Negativem, findet in euch die Entsprechung, baut sich in euch auf und wird euch früher oder später zum Verhängnis, zum Schicksal.

Die Gesetze Gottes sind die Liebe, und ihr seid aus der Quelle, aus dem Strom der Liebe. So werdet zur Liebe. Und je selbstloser ihr werdet, je weniger ihr an euch denkt, umso mehr Liebe werdet ihr empfangen. Wie viele Probleme sind in euch? Weshalb habt ihr Probleme? Ist es nicht euer Ich, was euch quält? Sind die Probleme nicht euer eigenes Ich, Selbstgeschaffenes? Habt ihr Probleme mit eurem Nächsten? Warum? Weil eure Gedanken der inneren Liebe zuvorkommen. Lasst jedoch zuerst die Liebe walten. Strömt dem, der euch nicht wohlgesinnt ist und dem ihr nicht wohlgesinnt seid, Liebe zu – lasst sie hinströmen, und eure Empfindungen und Worte werden ganz andere Empfindungen und Worte sein als die, die ihr vor dem Strömen aussenden wolltet.

Fühlt ihr in eurem Inneren die Leidenschaften, die Triebe walten? So ihr nur an Leidenschaft und Triebhaftigkeit denkt, verstärkt ihr diese gegensätzliche Kraft. Lasst selbstlose Liebe in euer Inneres strömen, und diese Kräfte reduzieren sich. So können sich viele Probleme lösen, lösen in eurem Inneren, wenn ihr Liebe aussendet und Liebe in euer Inneres sendet. Wenn ihr eure Probleme und Sorgen, eure Leidenschaften, eure Triebhaftigkeit mit der Kraft der Liebe ummantelt, dann dämmt sich vieles ein, und es wird nicht mehr so stark aus euch hervorbrechen, wie es in euch wirksam war, bevor ihr die Liebe habt strömen lassen.

Selig sind, die im Geiste leben. Sie fühlen um sich und in sich das Leben. Der Geist ist zum Freund geworden, die Liebe zur Freundin, der Friede ein Bruder, die Seligkeit eine Schwester, die Harmonie ein Kind der Liebe.

So seid ihr in Gott geborgen, so fühlt ihr diese unendliche All-Kraft, die euch erhebt und frei macht. Diese Kraft löst viele Probleme, diese Kraft wandelt auch so manche Leidenschaft, reduziert so manche Triebhaftigkeit. Es ist die selbstlose Liebe. Aus der Liebe zu geben, bedeutet Liebe zu empfangen. Und wer aus dieser ewig selbstlos strömenden Liebe gibt, der sieht in allem, auch in seinem Nächsten, die Liebe Gottes walten.

Meine Kinder, in Meiner Offenbarung sind für jeden von euch viele Dinge des Lebens zu erkennen, die ihr in den nächsten Tagen anwenden könnt. Jetzt habt ihr Muße und Ruhe. Wendet diese gesetzmäßigen Kräfte an, und ihr werdet in den Alltag gehen, gerüstet mit der tiefen Erkenntnis: „Gott ist in und um mich, und ich kann nur selig werden und im Reiche des Friedens leben, in meiner wahren Heimat, hier schon auf Erden, wenn ich Liebe ausströme, Liebe zu allem Sein, zu Menschen und Wesen, Liebe zu der Unendlichkeit."

Darin übt euch in den nächsten Tagen, und ihr werdet erkennen, dass diese Tage euch wahrlich Licht und Leben brachten, dass euch diese Tage einen kostbaren Schatz mit auf den Weg gaben: die Erkenntnis, richtig zu leben und richtig zu lieben.

Ich will euch segnen mit der Kraft der Liebe, auf dass ihr in den nächsten Stunden und Tagen zu dieser tiefen Erkenntnis gelangt: „Ich kann wahrlich von mir sagen: Ich bin ein Kind der Unendlichkeit, wenn ich mich als Kind der Unendlichkeit fühle und als Kind der Unendlichkeit denke und handle."

Möge Mein Segen euch diese Kraft schenken, um das Große in euch zu erkennen und auch das große Ganze um euch – und ihr werdet es in euch erfahren, wenn ihr euch für den Strom Meiner Segnungen, für diese Kraft, öffnet. Sie strömt ein und wirkt verstärkt in euch.

Wenn nun das Wort durch Mein Instrument verklingt, so wisset: Im Raunen des Windes, im Wiegen der Bäume und Sträucher, im Strahl der Sonne sind Meine weiteren Worte, Meine ewige Offenbarung – Ich Bin. Lasst diese Kräfte in euch wirksam werden, so wird jeder von euch nach einer gewissen Läuterungszeit vernehmen, was das Leben euch zuraunt: Ich Bin von Ewigkeit zu Ewigkeit. Ich Bin in dir, in der gesamten Schöpfung die Offenbarung, das Ich Bin.

Amen.

Das Gesetz der Abtragung

Der Cherub der göttlichen Weisheit,
Bruder Emanuel,
offenbarte am 11. Januar 1985 in Würzburg:

Im Namen des Allmächtigen: Gott zum Gruß, meine Freunde! Es offenbart sich Bruder Emanuel, ein Diener des Herrn.

So mancher unter euch stellt sich die Frage: Was bedeutet „ein Diener des Herrn"? So mancher spricht: „Ich höre nur, doch sehe nichts." Meine Freunde, es gibt ein Reich der Liebe, ein absolut ewiges Reich. Aus diesem Reich des ewigen Friedens und der ewigen Liebe komme ich, um im Werk des Herrn zu dienen, im Geiste die Verantwortung zu tragen.

Die Geistwesen sind Lichtgestalten. Hohe, lichte Schwingungen können nur von jenen geschaut und wahrgenommen werden, die ihr Herz und ihre Seele lauter halten. Sie fühlen im Herzen, dass es noch etwas anderes geben muss als das Gegensätzliche, das Negative, das diese Welt umspannen möchte. Doch, meine Freunde, der Herr ist das Licht. Wer seine Empfindungen und Gedanken zum Licht erhebt, wer also lichte und edle Gedanken pflegt, der wird weit Höheres und Größeres erleben.

Meine Freunde, das heutige Thema lautet: „Das Gesetz der Abtragung." In vergangenen Offenbarungen sprach ich über das Gesetz von Ursache und Wirkung, über das Gesetz der Entsprechung – und nun spreche ich über das Gesetz der Abtragung.

Da einige unter euch bei diesen Offenbarungen nicht anwesend waren, möchte ich diese beiden Gesetzmäßigkeiten kurz streifen. Das Gesetz von Ursache und Wirkung ist das Gesetz von Saat und Ernte. Was der Mensch sät, das wird er ernten. Die Saat geht in den Acker der Seele ein. Jeder Gedanke, sowohl der positive wie auch der negative, wird im Buch des Lebens, in der Seele, verzeichnet. In der Seele bildet sich sodann die Entsprechung. So, wie der Mensch denkt und lebt, so wird er und so ist er in kommenden Leben, in weiteren Einverleibungen, so er nicht Reue und Buße getan hat für all das, was er anderen an Leid zugefügt hat. Jeder Mensch muss einst das ernten, was er gesät hat. Gott, die allmächtige Kraft, ist die Kraft der Liebe, Barmherzigkeit und Gnade. So der Mensch nicht um Vergebung bittet, so er seine Fehler und Schwächen nicht bereut, gelangt er in das Gesetz der Abtragung.

Liebe Freunde, noch kurz über das Gesetz der Entsprechung, das aus dem Gesetz von Saat und Ernte hervorgeht.

Gott ist absolut ewig gebende Liebe. Gott straft, verdammt und züchtigt nicht. Was der Mensch sät, das wird er auch ernten. Wenn nun der Mensch wider seinen Nächsten ist, wenn er gegensätzlich denkt, spricht und han-

delt, wenn er seinen Nächsten beschimpft und ihm Übles nachsagt, so darf er nicht auf die Nächsten, auf die anderen blicken und sagen: „Die sind eben so; ich bin nur ein Nachahmer." O nein, meine Freunde, das kommt aus dem Menschen selbst, aus seiner Entsprechung, aus dem, was er im vergangenen oder im derzeitigen Leben der Seele auferlegt hat. So, wie sich der Mensch gibt, wie er denkt, redet und handelt, wie er im Äußeren bestellt ist, die Bewegungen, die Gestik, die Mimik, die Haartracht, die Kleidung – alles sagt etwas aus. Gemäß der inneren Entsprechung ist auch der Mensch im Äußeren bestellt.

Nun, meine Freunde, das Gesetz der Abtragung: Menschen, die in den Tag hineinleben, die nicht wissen, weshalb sie Menschen sind, werden selten ihre Ursachen, ihre Fehler, ihre Schwächen erkennen und bereuen. Der Mensch ist auf der Erde, um alle Sünden, alle Fehler zu erkennen, sie dem Erlöser hinzutragen, dem inneren Licht, auf dass die

Seele frei wird durch die Kraft der Erlösung. Die Seele im Menschen ist also auf der Wanderschaft, um sich selbst zu erkennen, um in der Erdenschule abzutragen, was sie sich einst selbst auferlegt hat.

Viele Menschen leben, wie ich schon sagte, in den Tag hinein. Wenige denken darüber nach, dass sie alles abzutragen haben, was sie aussäen. Menschen sprechen negativ über ihre Nächsten; Menschen handeln gegensätzlich; Menschen morden; Hass, Neid und Zwietracht säen sie aus. Erfolgt auf all diese Gegensätzlichkeiten, auf diese Aggressionen, keine Reue, bittet der Betreffende nicht um Vergebung, dann kann die ewige Gnade des Vaters, die ewige Allkraft, nicht wirksam werden. Der Mensch muss abtragen, alles abtragen, was er gesät hat.

Gott kann dem Menschen nur vergeben, wenn ihm sein Nächster vergibt. Bittest du also nicht um Vergebung, so trägst du alles ab; keine Hilfe wird dir zuteil werden. Deine Seele kann einst wiederkommen, mit all diesen Belastungen, mit all diesen Fehlern. Im Erdenkleid wird sie sodann die Früchte ernten müssen. Hast du einst Hass ausgesät, so wirst du in späteren Leben wieder Hass ernten. Hast du gemordet, und es wurde dir nicht vergeben, da du nicht um Vergebung gebeten hast, dann wird dir in einem der nächsten Leben Ähnliches widerfahren, oder du musst am eigenen Leib all das ertragen und erdulden, was die ertrugen, die du frühzeitig in das Jenseits hinüberbefördert hast.

Denke darüber nach, o Mensch: Wenn du nicht bereust, dann kann die Gnade des Vaters in Christus, deinem Erlöser, nicht tragen, nicht helfen, dir also nicht dienen. Du erlebst die Folgen im vollen Umfang.

Christus, das Licht in jeder Seele, wartet nur darauf, bis der Einzelne zu Ihm kommt, bittend um Vergebung. Bittet der Mensch um Vergebung, kommt es wahrlich aus seinem

Herzen, dann setzt die ewige Kraft ein. Der Mensch wird zu dem Menschen geführt, dem er Unrecht getan hat. Ihm wird die Möglichkeit gegeben, seinem Nächsten in Liebe zu begegnen, ihn um Vergebung zu bitten. Vergibt der Geschädigte nicht, so wird dir auch Gott nicht vergeben. Die ewige Kraft in dir wirkt wohl, trägt mit, die ewige Barmherzigkeit hilft dir und wirkt auch in dem betreffenden Nächsten. Erst wenn dein Nächster dir vergeben hat, fällt alle Last von dir.

Deshalb, liebe Brüder und Schwestern, begebt euch täglich mehr in die Selbstkontrolle. Unüberlegt richtet der Mensch über seinen Nächsten. Richtest du deinen Nächsten, so bist du letzten Endes selbst dein eigener Richter, denn was du deinem Nächsten antust, das tust du dir selbst an und der ewigen Kraft, die sich zurückbildet.

Erkenne dich; erfahre dein Leben aufgrund der Selbstbeobachtung. Prüfe deine Empfindungen, Gedanken, Worte und Werke. Sind sie lauter, bist du edler und reiner Gesinnung, dann liegt nur eine geringe Entsprechung vor. Bist du jedoch gehässig, lieblos, intolerant, dann erkenne dich selbst und sage nicht, es wäre dein Nächster. Wirke in dir, indem du deine Gedanken, Worte und Werke veredelst, auf dass du einst vor das ewige Gesetz treten kannst – licht, hell und frei.

So mancher denkt: „Wenn wir darum nicht wissen, wer kann uns dafür verantwortlich machen?" Wahrlich, wahrlich, jeder Christ weiß um das Gebot der Liebe: „Liebe deinen Gott und Herrn über alles und deinen Nächsten wie dich selbst." Wird deine Eigenliebe gering, dann zieht Gottesliebe ein, die selbstlose Liebe.

Die Menschen haben die Auszüge aus dem ewigen Gesetz, die Zehn Gebote. Keiner kann sagen: „O Herr, ich habe es nicht gewusst!" Jeder muss vor dem ewigen Gesetz Rechenschaft ablegen, das Gesetz von Saat und Ernte bringt alles an den Tag.

Die Menschen können hinter ihren Masken viel verbergen. Doch einst, wenn der irdische Tod einzieht, fällt die Maske – in der Seele ist alles offenbar. Gemäß der Entsprechung, gemäß ihrer Belastung, geht sie in eine Reinigungsebene. Nach der himmlischen Ordnung wird sie sodann wieder erfasst, und ihr wird anheimgestellt, nahegelegt: entweder Entwicklung oder eine weitere Einverleibung.

Freunde, erkennt das Leben, die Gnade, die jedem Menschen zuteil wird! In Kürze, in wenigen Jahren, kann viel abgegolten werden, so der Mensch sich selbst betrachtet, sich selbst erforscht, bereut und, so es notwendig ist, Buße tut.

Liebe Freunde, das Gesetz der Abtragung ist für den wahrlich schmerzhaft und unerträglich, der nur an sich denkt, der alle anderen verantwortlich macht für seine Fehler, Krankheiten und Nöte, der sich selbst nicht erkennt.

Gott hilft, so der Mensch Buße tut, so er vergibt und Gott in jedem Gedanken, in jeder Handlungsweise die Ehre gibt. Erweise Gott in allem die Ehre, in Freud und Leid, dann wird deine Seele wachsen und gedeihen und Früchte der Liebe und Barmherzigkeit zeitigen.

Liebe Freunde, jeder Mensch und jede Seele müssen sich einst selbst erkennen. Früher oder später erwacht die Seele und erkennt ihre Denk- und Lebensweise. Wohl dem, der jetzt schon erwacht und an sich arbeitet! Jeder Mensch hat den freien Willen von Gott, der ewigen Kraft, bekommen. Gott, die ewige Liebe, gängelt die Menschen nicht. Gott bittet, denn Er dient, Er hilft, Er lindert und heilt, so deine Werke licht und hell werden. Du kannst jahre-, jahrzehntelang sündigen, du kannst in weiteren Leben weiter sündigen – die Erlöserkraft pocht an dein Herz, sie schlägt auch dein Gewissen an. Doch die ewige Kraft wird dich niemals züchtigen und strafen. Der Mensch ist es, der sich täglich mehr züchtigt, der sich täglich mehr straft durch seine Denk- und Handlungsweise.

Aus dem ewigen Bewusstsein Gott strömt Kraft und Liebe denen zu, die wahrlich das Leben erkennen, das irdische Leben meistern und so zum inneren Frieden gelangen. Der innere Friede ist ausschlaggebend, um in der Welt den Frieden zu bringen, ihn zu erhalten. Die ewige Liebe gibt die Kraft und das Leben dazu.

Meine Freunde, fürchtet euch nicht! Trotz der Worte, trotz der Gesetzmäßigkeit – Gott ist die Liebe. Wer liebt, der empfängt. Wer von Gott empfängt, ist glücklich. Wer glücklich ist, ist freudig. Wer die innere Freude entwickelt, ist dynamisch, und wer geistig dynamisch ist, der hat viel überwunden; er lebt von nun an mehr und mehr in Gott und mit Gott. Lasst euer Tagwerk im Göttlichen erwachen. Möge euer ganzes Sinnen und Trachten Gott geweiht sein. Werdet selbstlos. Bittet um Vergebung. Sendet die Bitten um Vergebung auch in den Äther hinaus zu all jenen, die eventuell nicht im Fleische sind, die als Seelen in den Stätten der Reinigung leben und euch eventuell noch nicht vergeben haben.

Erkennt: Das allumfassende Leben, das große Ganze, das Universum, ist nicht leer – es ist erfüllt von Wesen des Lichts, aber auch von Wesen der Finsternis. Gleiches zieht immer wieder Gleiches an. Sind deine Gedanken licht und rein, so wirst du reine Wesen anziehen. Sind deine Gedanken düster, ist dein Gemüt verdunkelt, dann wirst du dunkle Wesen anziehen, Seelen, die dich beeinflussen, die auf deine Entsprechung einstrahlen und das Niedere fördern. Erhebst du jedoch dein Herz zu Gott, veredelst du dein Gemüt, deine Sinne, dann werden dich die hohen Kräfte beseelen. Du wirst lichter und heller werden. Dann wirst du in deinem Herzen erleben, dass es wahrlich noch andere Welten gibt, ja, ein Reich des Friedens, ein Reich der Liebe, das Reich Gottes, das auf diese Erde kommen möchte, doch nur durch jene, die wahrlich friedvoll und demütig sind.

Gott in Christus hat euch aufgerufen, das Gebot der Liebe zu verwirklichen, die Gebote des Friedens, der Einheit und der Brüderlichkeit zu wahren. Wer es tut, der ist erfüllt, und wer erfüllt ist vom Geiste des Lebens, der wird wahrlich große Dinge tun im Namen des Allerhöchsten.

Christus, das Licht der Welt, kam mit Seinem Wort wieder. Das Wort des Geistes wird durch Menschen zur Tat werden. Wohl dem, der es fassen kann. Die Zeit ist da, in dieser Christus mehr und mehr die Herrschaft übernimmt. Die Finsternis wird weichen; der Kampf ist angesagt. Es ist ein geistiger Kampf, der sich auch auf der Erde sichtbar vollziehen wird. Die Streiter des Herrn sind nicht mit irdischen Waffen ausgerüstet, sondern sie tragen das Rüstzeug des Friedens, der Liebe, der Selbstlosigkeit, des Glaubens und der Treue Gott gegenüber – keinem Menschen.

Das Werk des Herrn ist ein geistiges Werk. Alle Menschen sind Brüder und Schwestern. Wohl dem, der es fassen kann; der wird vom Geiste erfasst werden und im Namen des Geistes denken, reden und auch schreiben.

Meine Freunde, das Licht des Herrn geleitet euch.

Möge Gott, das Licht, euch alle geleiten und führen; möge es so manches Gemüt erhellen, auf dass es in Seele und Mensch tagt.

Meine Freunde, der Friede des Herrn waltet in euch.

Gott zum Gruß!

Lesen Sie auch ...

Die Botschaft aus dem All

Band 1

Aus dem Inhalt: *Ich Bin, und du bist in Mir, urewig, und du kehrst zurück durch Christus – Den einen Gott verschmäht ihr und glaubt an die ewige Verdammnis. Ich Bin der Gott der Liebe! Die Erde ruft Mich, den Schöpfer, um Erbarmen – Ich mache alles neu! – Sprecht ihr die Sprache der Liebe? – Seid ihr wahre Christen in Meiner Nachfolge? – Spürt Mich gegenwärtig in euch...*

272 Seiten, geb., mit Schutzumschlag
ISBN 978-3-89201-126-2

Auf CD: 12 Original-Live-Aufnahmen der Gottesoffenbarungen aus Band 1.
Gesamtlänge: 11 Stunden
ISBN 978-3-89201-313-6

Band 2

Aus dem Inhalt: *Finde Freiheit in Gott – Die Macht des Christus in dir – Ich offenbare das Schicksal der Menschheit, damit noch viele Meiner Menschenkinder erwachen und umkehren – Das Barometer Natur zeigt auf, wo die Menschheit steht – Richtet euch auf, um die rechte Geisteshaltung zu erlangen. Ihr seid Erben der selbstlosen Liebe – Wer einzig nur auf die Schatten blickt, der findet das Licht nicht. Bereinigt mit Mir die Schatten, und ihr seid eins mit Mir – Ich strahle euch Mein Licht zu, auf dass ihr euch zum Lichte hin verändert...*

264 Seiten, geb., mit Schutzumschlag
ISBN 978-3-89201-196-5

Alle Bände dieser Reihe sind auch als E-Book erhältlich.

Die Gottesprophetie heute – nicht das Bibelwort

Band 3

Aus dem Inhalt: *Alles, was lebt, ist Gesetz und ist Bewusstsein – Es ist eine hohe Zeit, die Zeit des Christus. Begebt euch in Meine Macht, in die Macht der Liebe – Lebt gegenwärtig, dann steht ihr in Kommunikation mit den erhaltenden, göttlichen Lebenskräften – Das Absolute Gesetz, in allen Details gelehrt, das Ende der materialistischen Zeit – Kehre ein in den Seelengrund, denn der Seelengrund Bin Ich – Höret die Stimme des Alls, und erwachet in Mir! Ich Bin der Friede ...*

264 Seiten, geb., mit Schutzumschlag

ISBN 978-3-89201-256-6

Band 4

Aus dem Inhalt: *Das Gesetz der Entsprechung – Das Schicksal schlägt solange zu, bis ihr die Schicksalsüberlegenheit gewinnt durch die Kraft der ewigen Liebe. Geben, geben, immer geben; das ist das Leben – Das Gesetz von Saat und Ernte - und die Gnade Gottes – Nichts kann auf Dauer bestehen - nur die selbstlose, ewige Liebe – Die Seele als „Webstuhl“ - du webst in sie deine Empfindungen, Gedanken, Worte und Handlungen hinein ...*

272 S., geb., mit Schutzumschlag

ISBN 978-3-96446-415-6

Taschenbuch: 272 S.

ISBN 978-3-96446-523-8

Das ist Mein Wort
A und Ω

Das Evangelium Jesu

Die Christus-Offenbarung, welche inzwischen die wahren Christen in aller Welt kennen

Aufbauend auf dem „Evangelium Jesu", einem bestehenden außerbiblischen Evangeliumstext, offenbarte Christus selbst – erklärend, berichtigend und vertiefend – durch Gabriele, die Prophetin und Botschafterin des Ewigen Reiches, die Tatsachen über Sein Leben und Seine Lehre als Jesus von Nazareth.

Aus dem Inhalt: Kindheit und Jugend Jesu – Die Verfälschung der Lehre des Jesus von Nazareth in den vergangenen 2000 Jahren – Sinn und Zweck des Erdenlebens – Jesus lehrte über das Gesetz von Ursache und Wirkung – Voraussetzungen für die Heilung des Leibes – Die Bergpredigt – Vom Wesen Gottes – Gott zürnt und straft nicht – Die Lehre der „ewigen Verdammnis" ist eine Verhöhnung Gottes – Jesus entlarvt Schriftgelehrte und Pharisäer als Heuchler – Jesus liebte die Tiere und setzte sich immer für sie ein – Über Tod, Reinkarnation und Leben – Die wahre Bedeutung Seiner Erlösertat ... u.v.a.m.

1080 S., geb., Halbleinen. **Inkl. Audio-CD mit dem Ewigen Wort aus dem Reich Gottes: „Der Ruf des Christus Gottes" und „Die Erscheinung", gegeben durch Gabriele.** ISBN 978-3-89201-960-2

Auch als E-Book

Taschenbuchausgabe: 1052 S., kart., ISBN 978-3-96446-275-6

Die großen kosmischen Lehren des JESUS von Nazareth an Seine Apostel und Jünger, die es fassen konnten

Mit Erläuterungen von Gabriele

Was heute den meisten Menschen von der Lehre des Jesus von Nazareth bekannt ist, ist gerade einmal ein „Fingerhut" aus der unendlichen Fülle an Lehren, an Übungen zur Selbsterkenntnis und an Einblicken in das wahre Leben jeder Seele, wie Er es im inneren Kreis Seiner Jünger lehrte. Durch die Prophetin und Botschafterin Gottes, Gabriele, ist heute das Urwissen, das Jesus von Nazareth Seine Jünger und Jüngerinnen lehrte, erstmals allen Menschen zugänglich. Es ist das Gesetz des Allerhöchsten, das uns die kosmischen Zusammenhänge allen Lebens begreifen lässt und uns wieder mit unserem Ursprung als Söhne und Töchter Gottes vertraut macht.

In diesem Buch sind diese allumfassenden Gesetzmäßigkeiten, das „Absolute Gesetz", niedergeschrieben. In dem ca. 900-seitigen Werk lesen wir darüber hinaus die vielen vertiefenden Erläuterungen von Gabriele, die sie zu den Perlen aus dem absoluten, göttlichen Gesetz gegeben hat, und die es uns erleichtern, die tiefe Bedeutung der großen kosmischen Lehren zu erfassen und in unserem Leben anzuwenden.

896 S., geb., Halbleinen. ISBN 978-3-89201-585-7

Auch als E-Book

Taschenbuchausgabe: 948 S., kart., ISBN 978-3-96446-375-3

Gerne übersenden wir Ihnen
unser aktuelles Buchverzeichnis
sowie Gratis-Leseproben zu vielen Themen